思想文化
经典丛书

先秦政治思想史

梁启超 著

 中央编译出版社
Central Compilation & Translation Press

出版説明

中國近代史上，各種學術流派思潮錯落，紛呈并起，不僅成就了一批博曉古今、學貫中西的著名學者，還產生了一批具有深遠影響的學術著作。這些豐富的思想文化成果，極大推動了中西文化交流和本土文化繁榮興盛。為進一步推動對近代中國學術研究成果的傳承與保護，助力當代學術研究，特推出『思想文化經典叢書』。

『思想文化經典叢書』精選近代中國出版的文學、史學、哲學等方面的學術佳作，力求呈現著作之全貌，但受限于當時印制技術和書籍保存技術，能夠保存完整無損的作品寥寥無幾。為便于讀者閱讀，提升閱讀體驗，我們采用技術修復等手段盡可能恢復原書原貌，以降低字跡模糊、原書殘缺等對閱讀效果的影響。

出版前，我們進行了大量的資料收集整理工作，并廣泛征求學界意見，由于時間倉促，難免有不妥之處，敬請讀者批評指正。

二〇二一年九月

飲冰室專集之五十

先秦政治思想史（一名中國聖哲之人生觀及其政治哲學）

序

啓超治中國政治思想蓋在二十年前於所爲新民叢報國風報等常作斷片的發表雖大致無以甚異於今日之所懷然粗疏偏宕恆所弗免今泰承北京法政專門學校之招講先秦政治思想四次而華略廣前緒而已秋冬間講席移秣陵爲東南大學及法政專門講此本講義且編起十月二十三日訖十二月二十日凡兩閱月成初題爲中國政治思想史分序論前論本論後論之四部其後論則自漢迄今也中途嬰小極醫者謂心藏病初起既有徵矣宜輟講且省思慮不則將增劇而難治自念斯講旣已始業終不能戞然遽止使學子觖望卒眠勉成之幸病尙不增能將本論之部編講完竣其後論只得俟諸異日矣因所講仍至先秦而止故改題今名啓超講述斯稿之兩月間以餘力從歐陽竟無先生學大乘法相宗之敎理又值德人杜里舒博士同在金陵講學而張君勱董其譯事因與君勱同居日夕上下其議論茲二事者皆足以牖吾之靈而堅其所以自信遠治所業乃益歎歟吾先哲之敎之所以極高明而道中庸者其氣象爲不可及也書成後徐志摩擬譯爲英文劉文島及其夫人廖世劭女士擬譯爲法文倘足以藥現代時敝於萬一斯則啓超所以報先哲之恩我也已民國十一

年十二月二十八日梁啓超自序於南京成賢學舍．

先秦政治思想史

目錄

序論

自序

目錄

第一章　本問題之價值

第二章　問題之內容及資料

第三章　研究法及本書研究之範圍

前論

第一章　時代背景及研究資料

第二章　天道的思想

第三章　民本的思想

第四章　政治與倫理之結合

第五章　封建及其所生結果

第六章　階級制度與替狀況

第七章　法律之起原及觀念

第八章　經濟狀況之部分的推想

本論

第一章　時代背景及思潮淵源

第二章　政治思想四大潮流及研究資料

第三章　儒家思想（其一）

第四章　儒家思想（其二）

第五章　儒家思想（其三）

第六章　儒家思想（其四）（孟子）

第七章　儒家思想（其五）（荀子）

第八章　道家思想（其一）

第九章　道家思想（其二）

第十章　墨家思想（其一）

第十一章　墨家思想（其二）

第十二章　墨家思想（其三）

第十三章　法家思想（其一）

第十四章　法家思想（其二）

第十五章　法家思想（其三）

第十六章　法家思想（其四）

第十七章　統一運動

第十八章　寢兵運動

第十九章　教育問題

第二十章　生計問題

第二十一章　鄉治問題

政治思想史

飲冰室專集之五十

第二十二章　民權問題

第二十三章　結論

四

飲冰室專集之五十

先秦政治思想史

序論

第一章 本問題之價值

人類全體文化從初發育之日起截至西曆十五六世紀以前我國所產者視全世界之任何部分皆無遜色雖然我國文化發展之途徑與世界任何部分皆殊其趨故如希伯來人印度人之超現世的熱烈宗教觀念我無有也如希臘人日耳曼人之暝想的形而上學我雖有之而不昌如近代歐洲之純客觀的科學我益微微不足道然則中國在全人類文化史中尚能占一位置耶曰能中國學術以研究人類現世生活之理法為中心古今思想家皆集中精力於此方面之各種問題以今語道之卽人生哲學及政治哲學所包含之諸問題也蓋無論何時代何宗派之著述未嘗不歸結於此點坐是之故吾國人對於此方面諸問題之解答往往有獨到之處為世界任何部分所莫能逮吾國人參列世界文化博覽會之出品特此人生哲學不在本講義範圍中且置勿論專言政治哲學我國自春秋戰國以還學術勃興而所謂「百家言」者蓋罔不歸宿於政治其政治思想有大特色三曰世界主義曰平民主義或民本主義曰社會主義此三種主

義之內容與現代歐美人所倡導者爲同爲異孰優孰劣·此屬別問題·要之此三種主義爲我國人凤所信仰無

論何時代何派別之學者其論旨皆建設於此基礎之上·此三種主義雖不敢謂爲我國人所單獨發明然而最

少亦必爲率先發明者之一·此吾所不惮昌言也·

歐洲自十四五世紀以來國家主義萌茁發展直至今次世界大戰前後遂臻全盛·彼所謂國家主義者何物耶·

歐洲國家以古代的市府及中世的堡聚爲其雛型·一切政治論皆

孕育於此種市府式或堡聚式的組織之下·此種組織以向內團結

向外對抗爲根本精神·其極也遂至以仇嫉外人爲獎屬愛國衝動

之唯一手段·國家主義之苗常利用人類交相妒惡之感情以灌漑

之·而日趨蕃碩·故愈發達而現代社會枳隉不安之象乃愈著·中國

人則自有文化以來始終未嘗認國家爲人類最高團體·其政治論

> 羅素所著愛國功過一書言「英國
> 人慣用仇嫉外國的卑劣手段以獎
> 屬其國民愛國心·最初仇西班牙人·
> 繼則仇法國人·繼則仇德國人·今後
> 又不知當仇誰氏·」此言深可昧·

常以全人類爲其對象·故目的在平天下·而國家不過與家族同爲組成「天下」之一階段·政治之爲物絕不

認爲專爲全人類中某一區域某一部分人之利益而存在其向外對抗

> 其所謂天下者·是否即天下且
> 勿論·要之其著眼恆在當時意
> 議所及之全人類·

之觀念甚微薄·故向內之特別團結亦不甚感其必要·就此點論謂中國

人不好組織國家也可謂其不能組織國家也亦可·無論爲不好或不能

要之國家主義與吾人凤不相習則甚章章也·此種「反國家主義」或

「超國家主義」的政治論既深入人心·政治實況當然受其影響·以二千年來歷史校之得失蓋參半·常被異

族蹂躪是其失也蹂躪我者非久便同化是其得也最後總決算所得優足償所失而有餘蓋其結果常增加「

中國人」之組成分子而其所謂「天下」之內容日益擴大也歐洲迄今大小數十國而我國久已成為一體。

蓋此之由雖然此在過去為然耳降及近世而懷抱此種觀念之中國人遂一敗塗地蓋吾人與世界全人類相

接觸不過在最近百數十年間而此百數十年乃正國家主義當陽稱尊之唯一時代吾人逆潮以泳幾滅頂焉

吾人當創鉅痛深之餘曷嘗不竊竊致怨於先民之詒我憮然而不陂往復理有固然自今以往凡疇昔當陽稱

尊之學說皆待一一鞫訊之後而新賦予以評價此千年間潦倒沉淪之超國家主義——即平天下主義世界

主義非向外妒惡對抗主義——在全人類文化中應占何等位置正未易言

平等與自由為近世歐洲政論界最有價值之兩大產物中國在數千年專制政體之下宜若與此兩義者絕相

遠然而按諸實際卻元爾除元首一人以外一切人在法律之下皆應平等公權私權皆為無差別的享用

乃至並元首地位亦不認為先天特權而常以人民所歸嚮所安習為條件此種理想吾先民二千年前夙所倡

導久已深入人心公認為天經地義事實上確亦日日向此大理想進行演成政治原則莫之敢犯其最顯著者

則歐美貴族平民奴隸等階級制度直至近百年來始次第撲滅其餘燼之一部分迄今猶在我國則反是斯固然

已成二千年殭石歐人所謂「人權」全由階級鬥爭產來其得之也艱故其愛護之也力我國則反是斯固然

矣然必有階級然後有鬥爭之主體在久無階級之我國茲事自不能成問題且以學理衡之吾儕亦不能認階

級鬥爭為性質上可崇敬之事業若果爾者一切階級滅盡之後人類政治豈不日陷於墮落耶我國歷史上未

聞有此等慘酷之鬥爭而已得有相當的人權縱不必自豪亦未足云辱也所以能爾者則以人類平等觀念久

已成爲公共信條雖有強者莫敢履撄也。

自由與干涉對待政治上干涉主義之利病在我國先秦時代實爲學界諍論最劇之問題結果不干涉主義殆

占全勝此主義以不可抗的權威常臨乎歷代君相之上故秦漢以降我國一般人民所享自由權比諸法國大

革命以前之歐洲人殆遠過之事實具在不可誣也其間昏主淫威墨吏酷法致自由失所保障者史固不絕書

然吏之毒民非法律所許民本有控愬之餘地至對於暴君則自昔聖賢皆認革命爲人民正當權利在學理上

未嘗少爲假借也我國民惟數千年生活於此種比較的自由空氣之中故雖在亂離時而其個性之自動的發

展尙不致大受戕賊民族所以能永存而向上蓋此之由

美林肯之言政治也標三介詞以驪括之曰 Of the people, by the people, and For the people，譯言政爲

民政以爲民政由民出也我國學說於 Of, for，之義蓋詳哉言之獨於 By 義則概乎未之有聞申言之則

國爲人民公共之國產此二義者我先民見之甚明信之甚篤惟一切政治當由人

民施行則我先民非惟未嘗研究其方法抑似並未承認此理論夫徒言民爲邦本政在養民而政之所從出其

權力乃在人民以外此種無參政權的民本主義爲效幾何我國政治論之最大缺點毋乃在是雖然所謂政由

民出者不難於其理論也而難於其方法希臘諸市之全民會議遂得謂爲眞 By the peo ple 近世諸國通

行之代表制多數取決制乃至最近試驗之蘇維埃制又得謂爲眞 By the people 耶皆不容無疑然則實現

By the People 主義之方法雖在歐美今日猶不能作圓滿解答況我國過去之國情──因地理及其他關

係所產生之社會組織──多不適於此類方法之試驗既不能得有可恃之方法則不敢輕爲理論的主張亦

固其所要之我國有力之政治理想乃欲在君主統治之下行民本主義之精神此理想雖不能完全實現然影響於國民意識者既已甚深故雖累經專制摧殘而精神不能磨滅歐美人視中華民國猝然成立輒疑爲無源之水非知言也

文化演進較深之國政治問題必以國民生計爲中心此通義也我國蓋自春秋以前已注重此點「既富方穀」「資富能訓」諸義羣經既所屢言後此諸家政論罔不致謹於是而其最大特色則我國之生計學說常以分配論爲首位也而生產論乃在次位也歐洲所謂社會主義者其唱導在近百餘年間耳我國則孔墨孟荀商韓以至許行白圭之徒其所論列殆無一不帶有社會主義色彩在此主義之下而實行方法大相逕庭亦與現代社會主義之派別多歧者略相似漢唐以降之政治其爲人所稱道者又大抵皆含有社會政策之精神而常以裁抑豪強兼幷爲職志者也故全國人在比較的平等組織及條件之下以遂其生計之發展世界古今諸國中蓋罕能與我並者此雖半由環境所構成抑亦學說之入人深也

中國未受工業革命之影響故分配以惰力而保平均似不能持以與今代歐美比較然中國百年前之經濟組織與歐洲百年前亦迥不同我則一向皆常能保均富而抑兼幷此根本特色也

竊嘗論之中國文明產生於大平原其民族器度偉大有廣納衆流之概故極平實與極詭異之學說同時並起能並育而不相害其人又極富於彈力性許多表面上不相容之理論及制度能巧於運用調和焉以冶諸一爐此種國民所產之思想及其思想所陶鑄而成之國民意識無論其長短得失如何要之在全人類文化中自有

其不朽之位置可斷言也夫絕對的真理之有無學者久已疑之理論上且有然若夫理論之演為制度者其是

非蓋益幻續而不易究詰歐洲近一二百年政治學說生計學說之標新

領異幾使人應接不暇種種學說亦泰半已經次第實現以成制度然每

一主義之昌未嘗不有極大之流弊踵乎其後至今日則其人深陷於懷

疑懊悶之淵舉凡前此所安習之制度悉根本搖動欲舍其舊而新是謀

則皇皇然若求亡子而未得也我先民所詒我之思想雖或未成熟或久中斷搜剔而磨洗之又安見不龜手之

藥終無益於人國也由此言之本問題之價值可以見矣

平心論之價值之為物本非絕對的不變的吾儕殊不必妄自尊大謂吾所有者必有以愈於人更不宜譚疾忌

醫掩護其所短以自窒進步但尤有一義當知者本國人對於本國政治思想不惟其優良者有研究價值即其

窳劣者亦有研究價值蓋現代社會本由多世遺傳共業所構成此種共

業之集積完成半緣制度半緣思想而思想又為制度之源泉過去思想

常以歷史的無上權威無形中支配現代人以形成所謂國民意識者政

治及其他一切設施非通過國民意識之一關斷不能有效質言之非民

眾積極的要求或消極的承諾之政治則不能一日存在近二十年來我國人汲汲於移植歐洲政治制度一制

度不效又顧而之他若立憲若共和若聯邦若蘇維埃……凡人所曾行者幾欲一一取而試驗之然而名實相

繆治絲愈棼蓋制度不植基於國民意識之上譬猶撥鄰圃之繁花施吾家之老幹其不能榮育宜也最近窮而

中國國民性之短處亦自有之。
如好調和以致不徹底。即其一
也。此非本論範圍。故不多及。

業字為佛教術語。個人遺傳性
謂之別業。社會遺傳性謂之共
業。

序論

思返先覺者始揭改造思想之旗以相號召雖然改造云者不惟其破壞也而惟其建設欲革去一舊思想必須有一新思想焉足蹩人心者以代之否則全社會陷於懷疑與虛無結果仍讓彼有傳統的惰力之舊思想占優勢耳而新思想建設之大業——據吾所確信者萬不能將他社會之思想全部移植最少亦要從本社會遺傳共業上爲自然的游發與合理的箋砭洗鍊信如是也則我國過去政治思想雖其中一部分對於世界無甚價值者就吾國人立脚點言之其價值不可蔑視明矣

第二章　問題之內容及資料

政治思想之內容從所表現的對象觀察可分爲二類一曰純理二曰應用純理者從理論上懸一至善之鵠研究國家當用何種組織施政當採何種方針……等等應用者從實際上校其效率研究某種組織某種方針……等等如何始能實現此兩者雖有區別然常爲連鎖的關係純理必藉應用而始圓滿應用必以純理爲其基據

從能表現之主格觀察亦可分爲二類一曰個人的思想二曰時代的思想個人的思想爲大學者或大政治家腦力所產物其性質爲有意識的創造時代的思想由遺傳共業及社會現行習俗制度混織而成其性質爲無

積極要求者以國民意識積極的作用創造一種新組織也例如法國之「人權宣言」爲十九世紀民權國家成立之總發動機消極承諾者以國民意識消極的作用維持一種舊組織者也例如日本今尙戴萬世一系之天皇中國人民默許藩鎮割據

意識的演進兩者亦常有交光的關係個人能開拓時代時代亦孕育個人

吾儕欲研究中國政治思想史其資料當求諸何處耶以吾所見區爲四類

第一類　學者之著述及言論此爲個人創造力之完全表現例如孔子老子墨子莊子尹文孟子荀卿韓非

賈誼董仲舒仲長統桓寬司馬遷杜佑司馬光鄭樵王夫之顧炎武黃宗羲戴震譚嗣同等皆有著述傳後

吾儕將其著述爬梳整理可以察其思想之脈絡焉此外或無著述或雖有而已佚者則從別人所徵引彼

之言論以窺其思想之一斑此惟先秦時代爲較多例如鄧析思想見於呂氏春秋許行思想見於孟子惠

施思想見於莊子宋鈃思想見於孟子荀子之類是也

第二類　政治家活動之遺蹟政治思想與哲學思想不同哲學思想爲學者所獨有其發表之形式專恃著

述政治思想什九與實際問題相接觸一有機會則不惟坐而言直將起而行故凡屬有主張有設施之政

治家例如周公管仲子產孔子商鞅李斯漢高祖漢武帝王莽諸葛亮崔浩蘇綽唐太宗劉晏陸贄王安石

明太祖張居正清聖祖曾國藩之流無論其人爲賢爲不肖其事業爲成爲敗要之其關於政治上之設施

皆其思想之現於實者也故此等人之傳記實斯學主要資料之一種

第三類　法典及其他制度政治思想之實現恆結晶以變爲成文之法典及其他單行制度例如周官法經

漢律漢官唐律唐開元禮元典章明會典清律例清會典乃至如通典文獻通考等類之政書與夫歷代詔

令奏議凡此類法制之書雖大半遞相沿襲而其間有所損益恆必與其時代之要求相應此即彼時代政

治思想之表現也至於立法時贊成反對之意見表於言論者尤足爲時代思想之徵幟自無待言

第四類　歷史及其他著述之可以證察時代背景及時代意識者凡思想皆應時代之要求而發生不察其

過去及當時之社會狀況則無以見思想之來源凡一思想之傳播影響必及於社會不察其後此之社會

狀況則無以定思想之評價故欲治政治思想史必須對於政治經濟史宗教史風俗史等有相當之準

備然後其研究不至歧誤又各時代中一般人指學者及政治之言論往往有單辭片語優足爲當時多數

人意識之代表非博觀而約取之不足以覘時代思想之全內容此種資料既無完善之成書可供採擇則

亦惟汎求諸羣籍而已

右四類前二類爲研究個人思想之資料後二類爲研究時代思想之資料其實兩者有交光的關係既如前述

則此種界限殊無取細分也以吾所見中國政治思想史現存之資料可謂極豐富獨惜散在羣籍非費極大之

勞力不能搜集完備且非有銳敏的觀察力時復交臂失之此則凡治國故者所共感之苦痛不徒本問題爲然

耳

資料審擇又爲治國故之一種困難之業因古來僞書甚多若不細加甄別必致濫引而失眞例如以內經爲黃

帝思想以陰符爲太公思想以周禮爲周公思想以家語孔叢子所記爲孔子思想以列子關尹子鬼谷子等書

各爲其本人思想乃至以僞古文尙書爲三代時思想雜讖緯諸書爲邃古時思想如是必至時代背景與思想

系統完全混亂而史之作用全失

不惟僞書而已即眞書中所記古事古言亦當分別觀之蓋古

代著述家每將其理想託諸古人以自重孟子稱『有爲神農

韓非子顯學篇云『孔子墨子同道堯舜、
而趨舍不同、皆自謂眞堯舜、堯舜不可復

生‧誰與辯儒墨之誠乎‧」此語最能道出
先秦諸子託古之眞相‧

之言者許行」豈惟許行實亦可謂有爲堯舜之言者孔丘孟
軻有爲大禹之言者墨翟有爲黃帝之言者莊周也故雖以此
等大哲之著書確實可信者其所述先代之事蹟及言論大半
只能認爲著書者之思想而不能盡認爲所指述之人之思想
又不惟專家著述爲然即諸經諸史中資料亦當加審愼孟子論詩也謂當「不以辭害意」其論治書也謂
「盡信書則不如無書」蓋史蹟由後人追述如水經沙濾必變其質重以文章家善爲恢詭譎蕩之辭失眞愈
甚吾儕既不能吐棄此等書以孤求史蹟而其所記載又玉石混淆則惟有參徵他種資料略規定各時代背景
之標準其不大繆於此標準者則信之而已此則治一般史之通例其方法非本書所能臚述也
辨別僞書凡以求時代之正確而已不能因其僞而遽行拋棄例如謂管子爲管仲作商君書爲商鞅作則誠僞
也然當作戰國末法家言讀之則爲絕好資料謂周禮爲周公致太平之書則誠僞也然其中或有一小部分爲
西周遺制其大部分亦足表現春秋戰國乃至秦漢之交之時代背景則固可寶也又如內經決非黃帝時代書
自無待言然其書實戰國末陰陽家言所薈萃陰陽家如鄒衍之徒著述已佚此書即其絕好之代表品也列子
非列禦寇作而爲晉人僞撰亦略有定評然晉人學說傳今無幾卽以此書覘當時時代意識之一斑計亦良得
也
尤有一類資料決當揀棄者漢代策問郡國所貢士已開獎借空言之漸唐宋以還斯風彌扇如韓愈杜牧及蘇
洵軾轍父子兄弟之徒多以好爲膚廓之政論濫博盛名明清末流帖括播毒談政本必「危微精一」論政制

必「封建井田」塵土羹飯壓嚼而穰不慚優孟衣冠久假而歸無日茲謂言概宜斐汰要之學者之學說當

以有無創造力為價值標準政治家之績業當以有無責任心為價值標準合此標準可以廁諸思想之林否則

毋恩我為也

第三章　研究法及本書研究之範圍

研究法有三種第一問題的研究法先將所欲研究之事項劃出範圍擬定若干題目每個題目皆上下古今以

觀其變遷其總問題例如「國家起源」「政府組織」……等等其分問題例如「土地宜公有抑私有」「

封建為利取為弊」「刑罰宜取懲報主義抑取感化主義」……等等研究某時代對於本問題之趨勢何如某

學者對於本問題之態度何如以類相次一題舉乃及他題此法長處能令吾儕對於各種重要問題得有緻密

正確的知識而且最適於實地應用其短處在時代隔斷不易看出思想變化之總因而且各問題相互之關

係亦不明瞭

第二時代的研究法此法按時代先後順序研究例如先三代次春秋次戰國次秦漢……等在同一時代中又

以思想家出生之早晚為次例如春秋戰國間先老子次孔子次墨子次商君莊子孟子荀子韓非……等此法

長處能使思想進化之跡歷歷明白又可以將各時代之背景──即政治實況及社會實況──委細說明以

觀思想發生之動機其短處則同一時代中或資料太多對於各問題難於詳細敍述若勉強敍述之則易時所

述與前犯複令讀者生厭又一派之學說先輩與後輩年代隔離例如孔子與孟子孟子與荀卿令讀者迷其脈絡所在

第三宗派的研究法此法將各種思想抽出其特色分爲若干派。例如儒家思想自孔子起繼以七十子後學者。

繼以孟子荀卿董仲舒……等等法家思想自管仲子產起次至商鞅韓非……乃至末流之蠹錯諸葛亮等等。

以類論次此法長處對於一學派之思想淵源——其互相發明遞爲蛻變及大派中所含支派應時分化之跡。

易於說明各派對於具體問題所主張亦易於比較其短處。在時代隔斷例如先述儒家次述道家則與孔子時

代相次之老子須於荀卿董仲舒……諸人敘畢乃能論及對於思想進化次第難以說明又各派末流相互影

響甚多歸類難以正確又數大派之外其有獨立思想而勢力較微者容易漏略。

以上三法各有短長好學深思之士任取一法爲研究標準皆可以成一有價值之名著也。

政治思想與其他思想之關係茲更當一言第一凡偉大之學者必有其哲學上根本觀念而推演之以論政

故欲研究先秦各派之政治思想最少亦須對於彼之全體哲學知其梗概第二政治與經濟原有密切不可離

之關係吾國夙崇『政在養民』之訓政論及政策尤集中於人民生計故政治思想與經濟思想實應融冶一

爐以從事研究第三政治思想之深入國民意識中者恆結晶爲法律及制度而政治之活力常使晶體的法制

生動搖故兩者相互之機括又治斯學者所最宜注意也。

復次論研究者所當持之態度科學所以成立全恃客觀的研究精神社會科學比諸自然科學完成較晚者因

社會事項最易惹起吾人主觀的愛憎一爲情感所蔽非惟批評遠於正鵠且並資料之取舍亦減其確實性也。

一切社會科學皆然而政治上理論出入主奴之見尤甚中國唐宋以後學者所謂「正學異端」「純王雜霸

」「君子小人」之論囂然。而斯學愈不可復理吾儕既以治史爲業宜常保持極冷靜的頭腦專務忠實介紹

古人思想之真相而不以絲毫自己之好惡夾雜其間批評愈少愈妙必不得已而用亦僅採引申說明的態度。庶乎有當也此其一

國故之學易爲直至今日乃漸復活耶蓋由吾儕受外來學術之影響彼都治學方法以理吾茲物於是乎昔人絕未注意之資料映吾眼而忽瑩昔人認爲不可理之系統經吾手而忽整乃至昔人不甚了解之語句旋吾腦而忽暢質言之則吾儕所恃之利器實「洋貨」也坐是之故吾儕每喜以歐美現代名物訓釋古書甚或以歐美現代思想衡量古人加以國民自慢性爲人類所不能免豔他人之所有必欲吾亦有之然後爲快於是堯舜禪讓即是共和管子軌里連鄉便爲自治類此之論人盡樂聞平心論之以今語釋古籍俾人易曉此法太史公引尚書已用之原不足爲病又人性本不甚相遠他人所能發明者安在吾必不能觸類比量固亦不失爲一良法雖然吾儕愼勿忘格林威爾之格言「盡我須是我」吾儕如忠於史者則斷不容以己意絲毫增減古人之妍醜尤不容以名實不相副之解釋致讀者起幻藏此在百學皆然而在政治思想一科更直接有「生於其心害於其政」之弊吾儕所最宜深戒也此其二

此兩種態度吾能言之而不能躬踐之吾少作犯此屢矣今雖力自振拔而結習殊不易盡雖然顧吾同學勿吾效也

今當言吾書之範圍依吾之理想欲著一部眞有價值的中國政治思想史總須將前文所舉四類資料全部分貫穴鎔鑄之費兩三年精力成一三四十萬言以上之著作庶幾有當今在此與諸君僅爲三個月的講習講義贻編隨發勢不能作此大舉故將第三類資料殆完全拋棄第二第四類僅摘要作補助而專集中精力於第一

一三

類資料坐是之故雖名爲中國政治思想史實則敍述先秦思想什居其七嚴格論之實當名爲先秦政治思想

史其涉及漢唐以後者不過附庸餘論所以然者以思想家的資格創造思想惟先秦諸哲獨擅其能故根據第

一類資料以著書入漢逐闇然無色史實如此末如之何也然此不足爲完書自不待言吾冀他日或有力續成

之吾尤望吾同學中倘有人全部改作之

前所列三種研究法本書第二的時代第三的派派兩種並用全書大略以時代爲次惟春秋戰國間各國學派壁壘

鮮明爲欲表出各派特色故對於儒墨道法四家以派別相從其不名一家者則附於後焉第一種的問題方法與

本書範圍不宜故不用惟問題之重要而有趣者時或爲簡單的貫串敍述附錄各章節之末

（附言）本書講述伊始其組織計畫本如右嗣以時間不敷且復嬰病故將漢以後全部閣舍並改正其

名曰先秦政治思想史矣此文不復改正以存經過之跡云爾

十二年一月再版自記

前論

第一章　時代背景及研究資料

我國政治思想自孔老墨三聖以後始盡然標出有系統的主張成為一家言前此則斷片的而已雖然後起的學說必有所憑藉然後能發揮光大故欲知思想淵源非溯諸三聖以前不可本章所敍述者起唐虞以迄春秋中葉此時代又當大別為三期

第一．部落期．唐虞迄殷末約千餘年．
第二．封建期．西周約三百年．
第三．霸政期．周東遷後至孔子出生前約二百年．

第一期部落分立大部落之首長謂之元后小者謂之羣后元后或稱帝或稱王其實與羣后地醜德齊不過名義上認為共主每部落人數似甚少其生活似甚簡單其智識似未脫半開之域因地廣人稀之故各部落相互的鬭爭似不甚烈其間以夏商兩朝保持元后資格最久而唐虞周之先後三朝實亦千餘年間以羣后資格同時存在

第二期周以西方一小部落崛起代殷為元后有大政治家周公者立大規畫以統一當時之所謂天下「滅國五十」分封子弟及功臣使與舊部落相錯而周室以邦畿千里筦其樞形成有系統的封建政治其時各部落

一五

政治思想史

民智本已日闢而周公復『監於二代』『制禮作樂』實行其保育政策故宗周文化號稱極盛所封建之國

以巡狩及朝覲等關係常受中央指揮以增長其文化百餘年後政令漸衰諸侯不共宗周卒爲一異族名犬戎

者所滅。

第三期以封建之結果各地方分化發展如齊晉魯衞宋鄭等國各自樹立一面許多異民族——即當時所謂

夷狄者亦皆有相當的進步紛起與諸夏抗衡就中如秦楚等尤爲特出於是文化成爲多元的形成諸大國盛行兼

并不惟夏商以來之部落不能圖存即周初所建屏藩亦鮮克保於是封建之局破各國以聯盟的形式互相維

繫而強有力之二三國爲之盟主形成所謂霸政者在霸政之下各國以會盟征伐等關係交通盛開文化亦以

益濬而各國以內部發達之結果產生一種特別智識階級遂成爲貴族政治此期中之政治組織雖各國不盡

從同然大率皆由少數貴族以合議制（？）行之其間最著名之政治家其所設施能詒後代以甚大之影響

者有齊之管仲與鄭之子產

吾儕欲研究此三期之政治思想當據何等資料耶第一期可據者最少自不待言孔子欲觀夏道殷道親詣其

遺裔杞宋二國而慨歎於文獻不足徵則其史料之乏可想見而前乎此者益可想見後世讖緯諸書言三皇五

帝事甚多皆秦漢間陰陽家言矯誣不可信大小戴兩禮記屢言夏殷制亦儒家後學推定之文孔子明言不足

徵者而其徒能徵之誕矣第二期資料宜較多實亦不然除羣經外惟逸周書六十篇然亦眞贗參半蓋當時簡

冊流傳不易雖有記載傳後者希也第三期資料當時或甚豐富自秦始皇焚「諸侯史記」蕩然無復餘惟從

左傳國語史記中見其什一耳今將此三期研究資料列舉如下。

一詩經此書最可信其中屬於第一期者惟商頌五篇屬於第三期者約三四十篇其餘二百餘篇大率皆屬於第二期書中具體的表現政治思想者不甚多惟於研究時代背景最有關係

二尚書今本五十餘篇其一部分爲東晉人僞造眞者二十八篇而已（今本尚書有分合失眞者）其中虞夏書四篇商書五篇屬第一期又周書中秦誓一篇屬第三期餘十八篇之周書皆屬第二期此書爲研究商周兩代政治思想唯一之寶典惟虞夏書堯典皋陶謨禹貢三篇似出後人追述內中一部分應屬於第三期思想之系統

三易卦辭爻辭易經中此一部分爲第二期作品繫辭傳所謂『當殷之末世周之盛德』也其中表現政治思想者甚少惟子細搜剔可藉覘時代意識之一部

四儀禮此書爲第二期或第三期作品但與政治思想關係甚淺

五逸周書內中十餘篇略推定爲第二期作品餘則戰國及漢人竄入其眞之一部分應認爲與尚書有同等價值內所含政治思想頗多

六國語及左傳二書相傳爲左丘明所作左丘明相傳爲孔子弟子然左傳有戰國以後語似作者年代尚應稍後又司馬遷所見只有國語乃西漢末晚出似是將國語割裂而成又間有僞文竄入要之此兩書宜作一書讀其書爲春秋末年或戰國初年人所著記西東二周史蹟而春秋時尤詳實研究第三期政治狀況及政治思想唯一之良著也其中追述第一二期事蹟者亦較可信憑

七史記漢司馬遷所著書中關於春秋以前之記載大率取材於尚書國語其間有出入者宜分別審擇

八其他百家語先秦諸子及載記中關於春秋以前事語之記述尚不少吾儕對於此等資料信任之程度第

政治思想史

飲冰室專集之五十

一須辨原書之真偽其偽者宜絕對排棄第二雖真書所稱道仍須細加甄別因先秦著作家託古之風甚熾也

此外此時代之資料最成問題者有二書．

一周官亦稱周禮後儒多稱爲周公致太平之作然其書西漢末晚出當時學者多指爲僞品近代疑議益滋據吾儕所推斷其必非周公作蓋成信讞然謂全部爲漢人贋託抑又不類意其中一部分或爲西周末屬宜時代制度一部分則春秋戰國時列國所行漢人雜糅此二者而更附益其一部分此不過吾儕所想像未敢徵信卽爾而此三部分之分析抉擇亦大非易故此書資料雖多宜從割愛或別著一篇題曰「表現於周官中之政治思想」庶不失闕疑傳信之誼也．

二管子今本管子八十六篇蓋劉向所校中祕書之舊自司馬遷以來卽認爲管仲所作然中多記管仲死後事且以思想系統論其大部分必爲戰國末葉作品無疑最多則牧民山高乘馬等篇篇首或有一兩段傳管仲口說耳要之管仲人物之價值不在其爲學者而在其爲政治家若以彼與尹文韓非同視斯大誤矣本書言政治思想精到處甚多只能歸入戰國法家之林不應以入本時代也書中敍管仲政績亦多鋪張不可盡信無已則取其與國語相出入者信之可耳

本篇所採資料以詩經尙書國語左傳爲主而愼擇其餘庶幾可以寡過云爾．

第二章　天道的思想

一八

凡國家皆起源於氏族族長為一族之主祀者同時即為一族之政治首長以形成政教合一的部落字內古今

各國之成立莫不經過此階級中國亦其一例也記中國最初之社會組織者當以國語楚語觀射父之言為近

眞其言曰

『古者民神不雜民之精爽不攜貳者而又能齊肅衷正其智能上下比義其聖能光遠宣朗其明能光照之

其聰能聽徹之如是則明神降之在男曰覡在女曰巫是使制神之處位次主而為之牲器時服而後使先聖

之後之有光烈而能知山川之號高祖之主宗廟之事昭穆之世……而敬恭明神者以為之祝使名姓之後

能知四時之生犧牲之物……壇場之所上下之神氏姓之出而心率舊典者為之宗於是乎有天地神民類

物之官謂之五官各司其序不相亂也民是以能有忠信神是以能有明德……』

吾儕今日讀此就不以巫覡祝宗等為不足齒之賤業殊不知

當時之「巫」實全部落之最高主權者其人「聰明聖智」

而「先聖之後」「名姓之後」皆由彼所「使」以供其職

而所謂「五官」者又更在其下蓋古代政教合一之社會其

組織略如此彼時代殆無所謂政治理想藉曰有之則神意必

其鵠也

其時之神一耶多耶以理度之蓋為多神觀文中「上下之神氏姓所出」一語則知其神純屬「擬人」者且

徧於上下其族孔繁然而此種思想幾經洗鍊蛻變至有史時代而最高一神之觀念已漸確立其神名之曰天

楚語所述謂少昊前制度如此少昊時九
黎亂德破壞此制顓頊修復之其後三苗
又破壞此制堯修復之云云雖屬神話然
古代我族與苗族之爭實含有宗教戰爭
的意味可於此略窺消息也

曰上帝於是神意政治進爲天意政治吾得名之曰天治主義。

關於天之觀念亦隨時代而進化古代之天純爲「有意識的人格神」直接監督一切政治此種觀念在古籍中到處表現如詩經

『皇矣上帝臨下有赫監觀四方求民之莫』皇矣

『有周不顯帝命不時文王陟降在帝左右』文王

『其香始升上帝居歆胡臭亶時后稷肇祀』生民

『帝省其山柞棫斯拔松柏斯兌帝作邦作對……帝謂文王無然畔援無然歆羨……』皇矣

如書經

『苗民弗用靈……惟作五虐之刑……殺戮無辜……上帝監民罔有馨香德刑發聞惟腥皇帝哀矜庶戮之不辜報虐以威遏絕苗民無世在下……皇帝清問下民鰥寡有辭于苗……上帝不蠲降咎于苗苗民無辭于罰乃絕厥世……』呂刑

『聞于上帝帝休天乃大命文王殪戎殷』康誥

『夫知保抱攜持厥婦子以哀籲天……嗚呼天亦哀於四方民其眷命用懋』召誥

兩經中若此類文字甚多其詳具如下文「附錄一」所列舉要之古代思想極爲素樸其對於天之觀念與希伯來舊約全書所言酷相類天有感覺有情緒有意志與人無殊常直接監察或指揮人類之政治行動若此者亦得名之曰具象的且直接的天治主義

人類理智日進，此種素樸思想不足以維繫，於是天之觀念逐漸醇化而為抽象的。所謂「維天之命於穆不已，」者已漸由宗教的意味變為哲學的意味，而後世一切政治思想之總根核即從此發軔。

（之命」詩維天所謂「上天之載無聲無臭」，王文所謂「穆穆在上，明明在下，灼于四方」，書呂刑諸如此類，其所謂天）

此明明穆穆之抽象的天，何由與吾儕人類生關係耶，吾先民以為宇宙間有自然之大理法，為凡人類所當率循者，而此理法實天之所命，烝民之詩曰「天生烝民，有物有則，民之秉彝，好是懿德」，再以今語釋之，則謂凡一切現象皆各有其當然之法

（烝民）

則，而人類所秉之以為常也，故人類社會唯一之義務在

孟子釋之曰「有物必有則，民之秉彝也，故好是懿德」

「順帝之則」

（皇矣）

然則所謂「帝之則」者如何能示現於吾儕耶，其在書洪範曰

「我聞在昔鯀堙洪水，汨陳其五行，帝乃震怒，不畀洪範九疇，彝倫攸斁，鯀則殛死，禹乃嗣興，天乃錫禹洪範九疇，彝倫攸敘」

（洪範）

> 尚書洪範鄭康成注云「洪範大典也。」以今語釋之即宇宙大法則的意味古籍中有系統的哲理譚此篇為最古者之一

右所說者，恰如舊約書中摩西在西奈山上受十戒於上帝，其為神話的而非歷史的自無待言，雖然此神話在國民思想上有絕大意味焉，蓋「人格神」與「自然法」一致之觀念從此確立，申言之則宗教的「神」成為哲學的「自然化」也，周語述王子晉之言曰

「伯禹釐改制量，象物天地，比類百則，儀之于民，而度之於羣生……克厭帝心，皇天嘉之，祚以天下」

此正釋洪範語意『比類百則儀之于民』即『帝則』之假手於人以實現也此觀念最圓滿表示者如尙書

皋陶謨所說：

『......天工人其代之天敍有典勅我五典五惇哉天秩有禮自我五禮有庸哉......天命有德五服五章哉天討有罪五刑五用哉政事懋哉懋哉』

則也範也秩也皆表自然法則之總相因則而有彝因範而有疇因敍而有禮因秩而有典因則自然法則之演爲條理者也此總相卽後此儒家道家之所謂道其條理則後此儒家之所謂禮法家之所謂法也而其淵源則認爲出於天前此謂有一有感覺有情緒有意志之天直接指揮人事者旣而此感覺情緒意志化成爲人類生活之理法名之曰天道公認爲政治所從出而應守若此者吾名之曰抽象的天意政治

> 皋陶謨爲今文二十八篇之一其爲孔子以前之眞經固無問題然吾輩頗疑所謂虞夏書者實周以後所追述兹事吾將別有論列故此所引者應認爲商周間一種進步的思想

附錄一　天道觀念表現於詩書兩經者

乃命羲和欽若昊天......敬授民時（堯典）

肆類于上帝禋于六宗望于山川徧于羣神（同上）

欽哉惟時亮天功（同上）

天工人其代之天敍有典勅我五典五惇哉天秩有禮自我五禮有庸哉......天命有德五服五章哉天討有罪五刑五用哉......（皋陶謨）

天聰明自我民聰明天明畏自我民明威（同上）

惟勈丕應稽志以昭受上帝天其申命用休（益稷）

非台小子敢行稱亂有夏多罪天命殛之……夏氏有罪予畏上帝不敢不正……爾伺輔予一人致天之罰（湯誓）

先王有命恪謹天服（盤庚上）

予迓續乃命於天（盤庚中）

惟天監下民典厥義降年有永有不永非天天民民中絕命民有不若德不聽罪天既孚命正厥德乃曰其如台（高宗肜日）

天既訖我殷命……故天棄我不有康食不虞天性不迪率典今我民罔弗欲喪曰天曷不降威……王曰我生不有命在天？祖伊反曰嗚呼

乃罪多參在上乃能責命于天！（西伯戡黎）

天毒降災荒殷邦（微子）

惟天陰隲下民相協厥居……我聞在昔鯀堙洪水汨陳其五行帝乃震怒不畀洪範九疇彝倫攸斁鯀則殛死禹乃嗣興天乃錫禹洪範九疇

彝倫攸叙（洪範）

天降割于我家不少延……其有能格知天命……予不敢閉于天降威用（大誥）

予惟小子不敢替上帝命天休于寧王興我小邦周……今天其相民矧亦惟卜用天明畏弼我丕丕基（同上）

天閟毖我成功所予不敢不極卒寧王圖事……天棐忱辭其考我民……天亦惟用勤毖我民（同上）

迪知上帝命越天棐忱爾時罔敢易法矧今天降戾于周邦……爾亦不知天命不易（同上）

天惟喪殷……天亦惟休于前寧人……天命不僭（同上）

天畏棐忱民情大可見（同上）

我西土惟時怙冒聞于上帝帝休天乃大命文王殪戎殷（康誥）

亦惟助王宅天命作新民（同上）

政治思想史

飲冰室專集之五十

天惟與我民彝大泯亂（同上）

爽惟天其罰殛我其不怨凡厥罪無在大亦無在多矧曰其尚顯聞於天（同上）

惟天降命肇我民（酒誥）

越殷國滅無罹弗惟德馨香祀登聞于天……庶羣自酒腥聞于天故天降喪于殷罔愛于殷……天非虐惟民自速辜（同上）

皇天既付中國民越厥疆土于先王（梓材）

皇天上帝改厥元子（召誥）

天既遐終大邦殷之命茲殷多先哲王在天……夫知保抱攜持厥婦子以哀籲天……天亦哀于四方民其眷命用懋（同上）

有王雖小元子哉……王來紹上帝自服于中土旦曰其作大邑其自時配皇天（同上）

若生子罔不在厥初生自飴哲命今天其命哲命吉命歷年……王其德之用祈天永命（同上）

王如弗敢及天基命定命……公不敢不敬天之休（洛誥）

旻天大降喪于殷我有周佑命將天明威致王罰敕殷命終于帝肆爾多士非我小國敢弋殷命惟天不畀允罔固亂……惟帝不畀惟我下民

秉為惟天明畏我聞曰上帝引逸有夏不適逸則惟帝降格嚮于時夏弗克庸帝大淫泆有辭惟時天罔念聞厥惟廢元命降致罰乃命爾先祖

成湯革夏……亦惟天丕建保乂有殷殷王亦罔敢失帝罔不配天其澤在今後嗣王誕罔顯于天……罔顧于天顯民祗時惟上帝不保降若

茲大喪……今惟我周王丕靈承帝事有命曰割殷告敕于帝……予亦念天即于殷大戾……非我一人奉德不康寧時惟天命無違（多士）

天命不易天難諶（君奭）

我聞在昔成湯既受命時則有若伊尹格于皇天……在大戊時則有若伊陟臣扈格于上帝……故殷禮陟配天多歷年所（同上）

在昔上帝割申勸寧王之德其集大命于厥躬……乃惟時昭文王迪見冒聞于上帝惟時受有殷命哉（同上）

惟帝降格于夏有夏誕厥逸……不克終于帝之迪……厥圖帝之命不克開于民之麗乃大降罰崇亂有夏……天惟時求民主乃大降顯休

命于成湯刑殄有夏……今至于爾辟弗克以爾多方享天之命……非天庸釋有夏非天庸釋有殷乃惟爾辟以爾多方大淫圖天之命天惟

二四

五年須暇之子孫誕作民主罔可念聽天惟求爾多方大勳以威開厥顧天惟爾多方罔堪顧之惟我周王……克堪用德惟典神天天惟式教

我用休簡畀殷命尹爾多方（多方）

民興胥漸泯泯棼棼……方告無辜于上上帝監民罔有馨香德刑發聞惟腥皇帝哀矜庶戮之不辜報虐以威（呂刑）

上帝不蠲降咎于苗苗民無辭于罰乃絕厥世（同上）

以上書經

昊天不傭降此鞠凶昊天不惠降此大戾

不弔昊天亂靡有定式月斯生俾民不寧

昊天不平我王不寧不懲其心覆怨其正（節南山）

下民之孽匪降自天噂沓背憎職競由人

天命不徹我不敢效我友自逸（十月之交）

浩浩昊天不駿其德降喪饑饉斬伐四國昊天疾威弗慮弗圖舍彼有罪既伏其辜若此無罪淪胥以鋪

如何昊天辟言不信如彼行邁則靡所臻凡百君子各敬爾身胡不相畏不畏于天（雨無正）

昊天疾威敷于下土謀猶回遹何日斯沮（小旻）

各敬爾儀天命不又（小宛）

悠悠昊天曰父母且無罪無辜亂如此憮昊天已威予慎無罪昊天泰憮予慎無辜（巧言）

明明上天照臨下土（小明）

文王在上於昭于天周雖舊邦其命維新有周不顯帝命不時文王陟降在帝左右

殷之未喪師克配上帝宜鑒于殷駿命不易

政治思想史

飲冰室專集之五十

上天之載無聲無臭儀刑文王萬邦作孚（文王）

明明在下赫赫在上天難忱斯不易維王天位殷適使不挾四方．

維此文王小心翼翼昭事上帝聿懷多福厥德不回以受方國．

有命自天命此文王……篤生武王保右命爾燮伐大商

殷商之旅其會如林……上帝臨汝無貳爾心（大明）

皇矣上帝臨下有赫監觀四方求民之莫……上帝者之憎其式廓乃眷西顧此維與宅．

帝省其山柞棫斯拔松柏斯兌帝作邦作對自大伯王季

維此王季帝度其心……比于文王其德靡悔既受帝祉

帝謂文王無然畔援無然歆羨誕先登于岸

帝謂文王予懷明德不大聲以色……不識不知順帝之則（皇矣）

下武維周世有哲王三后在天王配于京（下武）

厥初生民時維姜嫄生民如何克禋克祀以弗無子履帝武敏歆……

……其香始升上帝居歆胡臭亶時．

上帝板板下民卒癉．

天之方難無然憲憲天之方蹶無然泄泄……天之方虐無然謔謔……天之方懠無為夸毗……（板）

敬天之怒無敢戲豫敬天之渝無敢馳驅昊天曰明及爾出王昊天曰旦及爾游衍（板）

蕩蕩上帝下民之辟疾威上帝其命多辟天生烝民其命匪諶靡不有初鮮克有終

匪上帝不時殷不用舊……實是莫聽大命以傾（蕩）

昊天上帝則不我遺……昊天上帝寧俾我遯……昊天上帝則不我虞……瞻卬昊天云如何里……瞻卬昊天曷惠其寧（雲漢）

天生烝民有物有則民之秉彝好是懿德（烝民）

昊天疾威天篤降喪……民卒流亡我居圉卒荒天降罪罟蟊賊內訌……實靖夷我邦（召旻）

維天之命於穆不已於乎不顯文王之德之純（維天之命）

天作高山大王荒之彼作矣文王康之（天作）

昊天有成命二后受之（昊天有成命）

畏天之威于時保之（我將）

時邁其邦昊天其子之（時邁）

思文后稷配彼昊天……貽我來牟帝命率育（思文）

明昭上帝迄用康年（臣工）

敬之敬之天維顯思命不易哉無曰高高在上陟降厥士日監在茲（敬之）

天命玄鳥降而生商宅殷土芒芒古帝命武湯正域彼四方（玄鳥）

帝命不違至于湯齊湯降不遲聖敬日躋昭假遲遲上帝是祗帝命式于九圍（長發）

天命降監下民有嚴不僭不濫不敢怠遑（殷武）

以上詩經

附錄二 天道觀念之歷史的變遷

愈古代則人類迷信的色彩愈重此通例也細讀詩書兩經案其年代其對於天道觀念變遷之跡蓋略可見

商周之際對於天之寅畏虔恭可謂至極如書之高宗肜日西伯戡黎大誥康誥多士多方詩之文王大明皇

政治思想史

矣等篇儼然與舊約之申命記同一口吻迨幽厲之交宗周將亡詩人之對於天已大表其懷疑態度如『昊
天不傭』『昊天不惠』『昊天不平』節南山『天命不徹』十月之交『浩浩昊天不駿其德』『昊天疾威弗
慮弗圖』『如何昊天辭言不信』雨無正『昊天泰憮予慎無辜』『天之方難』『天之方
虐』『天之方懠』板正無『疾威上帝其命多辟』蕩『昊天上帝寧俾我遯』『瞻卬上帝曷惠其寧』漢雲諸
如此類對於天之信仰已大搖動蓋當喪亂之際疇昔福善禍淫之恒言事實上往往適得其反人類理性
漸開拓求其故而不得則相與疑之故春秋時一般思想之表現於左傳者已無復稱說天意之尊嚴其事理
之不可解者則往往歸諸鬼神術數而有識之士益不屑道子產斥神竈之言曰

『天道遠人道邇非所及也何以知之竈焉知天道是亦多言矣豈不或信』左昭十八

此論可以代表當時賢士大夫之心理矣及老子用哲學家眼光遂生出極大膽的結論所謂

『天地不仁以萬物為芻狗』

此語驟讀若甚駭人其實視詩人之斥天為不惠不平不徹不駿其德辭言不信其命多辟……者曾何以異
此無他神權觀念惟適用於半開的社會其不足以醫服春秋戰國時之人心固其所也孔子持論最中庸亦
云

『先天而天弗違』易文言

與古代傳統的天道觀念抑大別矣惟墨子純為一宗教家毅然復古天志諸篇所說確為商周以前思想而
此論已不復能適用於當時之社會及戰國末而人智益進荀子遂大聲疾呼謂

『大天而思之孰與物畜而制裁之從天而頌之孰與制天命而用之』天論篇

此實可謂人類對於天之獨立宣言非惟荀子當時一般思想家之觀念殆皆如是矣其後董仲舒又採鄒氏

天志論以釋儒家言其著書專言『天人相與之際』兩漢學者翕然宗之此爲天道說之第二次復古運動

然與方士派之鬼神術數說轉相雜糅其在學問上之價值亦愈低落矣千年間關於此事之思想變遷略如

此下文述各家學說時當別有所論列今欲學者對於本問題先獲有較明瞭的觀念輒類舉其梗概如右

第二章　民本的思想

天的觀念與家族的觀念互相結合在政治上產生出一新名詞焉曰『天子』天子之稱始於書經之西伯戡

黎次則洪範次則詩經雅頌中亦數見洪範曰

『天子作民父母以爲天下王』

此語最能表出各代『天子』理想之全部天子者卽天之子詩所謂『昊天其子之』也一面爲天之子一面

又爲民之父母故詩亦曰『豈弟君子民之父母』有此天子以『格於上下』堯典而爲之媒介遂以形成一

『天人相與』之大家族此古代政治上之最高理想也邃古之『巫覡政治』不過憑附一人以宣達天意政

治完全隸屬於宗教之下此種『天子政治』則認定一人以執行天意故曰『天工人其代之』天而有代理

人則政教分離之第一步也若此者吾名之曰間接的天治主義

然則天子與人民爲相對的階級耶是又不然召誥之言曰『皇天上帝改厥元子』元子者何衆子之長也人

人共以天爲父而王實長之云爾元子而常常可以改則元子

與衆子之地位原非絕對的質言之則人人皆可以爲天子也

此種人類平等的大精神遂爲後世民本主義之總根芽

元子誰改之自然是天改之天既有動作必有意志天之意志

何從見託民意以見此即天治主義與民本主義之所由結合

也書經中此種理想已表示得十分圓滿如

『天聰明自我民聰明天明畏自我民明威』皋陶謨

『天視自我民視天聽自我民聽』秦誓逸文 孟子引

『天畏棐忱民情大可見』秦誓逸文

『民之所欲天必從之』秦誓逸文 左傳 襄三十一引

天子爲天之代理人在天監督之下以行政治則本來之最高主權屬於天甚明然此抽象的天曷由能行使其

監督耶吾先民以爲天之知聰明視聽皆假塗於人民以體現之民之所欲卽天之所惡於是論理之結

果不能不以人民爲事實上之最高主權者故此種「天子政治」之組織其所謂天者恰如立憲國無責任之

君主所謂天子者則當其責任內閣之領袖天子對於天負責任而實際上課其責任者則人民也晉師曠之言

曰

『天生民而立之君使司牧之勿使失性......天之愛民甚矣豈其使一人肆於民上......』襄十四

公羊傳云『謂爲天之子也可謂爲母之

子也可尊者取尊稱焉卑者取卑稱焉』

此謂人人皆天之子而王者以尊故專用

此名表之云爾此可爲召誥元子義之注

脚

此言君主責任之義最為痛切明白而天意既以民意為體現則君主亦當以對民責任體現其對天責任古籍中表示此思想者甚多如堯之於舜舜之於禹皆告以『天之曆數在爾躬』而又云『四海困窮則天祿永終』論語 盤庚言『恭承民命』召誥言『顧畏民嵒』皆對於人民積極負責任之精神也君主不能踐其責任則如之何人民例得起而易置之是即體現天意以『改厥元子』也此種理想尚書湯誓牧誓大誥多士多方等篇言之最詳而後此孔孟之徒主張革命為人民正當權利其思想實淵源於此革命不可常也然則平時所以體現民意者奈何我先民則以採納輿論為不二法門所謂『史載書瞽陳詩工誦箴諫士傳言庶人謗』……等等輿論機關也古代賢士大夫蓋絕對主張言論自由故周厲王監謗召穆公非之曰

『防民之口甚於防川……夫民慮之於心而宣之於口成而行之胡可壅也』周語

鄭人游於鄉校以議執政或勸子產毀校子產曰

『夫人朝夕退而遊焉以議政之善否其所善者吾則行之其所惡者吾則改之是吾師也若之何毀之』左襄

此皆尊重輿論之明訓也然亦非謂輿論當絕對的盲從左傳曾記欒書一段談話如下

『或謂欒武子曰聖人與衆同欲是以濟事子盍從衆子為大政將酌於民者也……商書曰三人占從二人衆故也武子曰善鈞從衆夫善衆之主也』六左成

讀此一段可以知吾先民對於『多數取決之制度』作何等觀念多數取決為現代議會政治一鐵則良無他

道足以易之然謂多數所贊者必與國利民福相應則按諸理論與徵諸史蹟而皆有以明其不然也欒書之言

謂兩善相均則從衆果能如此眞可以現出理想的好政治獨惜言之易而行之難耳

古代之民本主義曾否實現用何種方法實現到若何程度今皆難確言盤庚有『王命衆悉至于庭』語

大誥多士多方等篇一讀而知爲周公對羣衆之演說辭以此推之或如希臘各市府之「全民會議」蓋古代

人少實有此可能性也洪範所謂『謀及庶人』殆遵此道周官小司寇條下云

『掌外朝之政以致萬民而詢焉一曰詢國危二曰詢國遷三曰詢立君』

周官雖不可盡信然此制似屬古代所常行蓋左傳及他書尙屢見其跡『衛靈公將叛晉朝國人問焉曰「若

衛叛晉五伐我病何如矣」皆曰「五伐我猶可以能戰」曰「然則如叛之……」』八左定『吳之入楚

也陳懷公朝國人問焉曰「欲與楚者右欲與吳者左」……』元左哀此皆詢國危之例也『晉惠公爲俘於秦

使呂飴甥朝國人……告曰「孤雖歸辱社稷矣其卜貳圉也」衆皆哭』十五左僖『周王子朝之難晉侯使士景

伯蒞問周故士伯立于乾祭而問於介衆』十四左昭二『此皆詢立君之例也前所舉盤庚將遷殷『命衆悉至于庭

』又孟子稱太王將遷歧『屬其耆老而告之』『此皆詢國遷之例也由此觀之古代人民最少對於此三項大

政確有參與之權利此種方法在入口稍多的國家當然不可行故戰國以後無得而稽焉要而論之我先民極

知民意之當尊重惟民意如何而始能實現則始終未嘗當作一問題以從事研究故執政若違反民意除卻到

惡貫滿盈羣起革命外在平時更無相當的制裁之法此吾國政治思想中之最大缺點也

附錄三　民本思想之見於書經國語左傳者

皋陶曰都在知人在安民……安民則惠黎民懷之（皋陶謨）

天聽明自我民聽明天明畏自我民明畏（同上）

盤庚遷于殷民不適有居率籲衆慼出矢言曰我王來既爰宅於茲重我民無盡劉不能胥匡以生……盤庚斅于民由乃在位……（盤庚）

古我前后罔不惟民之承（同上）

朕及篤敬恭承民命用永地于新邑（同上）

今我民罔不欲喪曰天曷不降威大命不摯（西伯戡黎）

皇建其有極欲時五福用敷錫厥庶民惟時厥庶民于汝極（洪範）

天子作民父母以為天下王（同上）

汝則有大疑謀及乃心謀及卿士謀及庶人……（同上）

庶民惟星星有好風星有好雨（同上）

天棐忱辭其考我民（大誥）

惟乃丕顯考文王克明德慎罰不敢侮鰥寡庸庸祗祗威威顯民（康誥）

天畏棐忱民情大可見……亦惟助王宅天命作新民（同上）

其丕能誠于小民今休王不敢後用顧畏于民碞（召誥）

凡民惟曰不享惟事其爽侮（洛誥）

惟我下民秉為惟天明畏（多士）

其在祖甲不義惟王舊為小人作其即位爰知小人之依能保惠于庶民不敢侮鰥寡……（無逸）

政治思想史

厥或告之曰小人怨汝詈汝。則皇自敬德厥愆曰朕之愆（同上）

飲冰室專集之五十

以上書經

人視水見形視民知治不（史記殷本紀引湯誥）

民非后無能胥以寧后非民無以辟四方（禮記表記引大甲）

天視自我民視天聽自我民聽（孟子引泰誓）

民之所欲天必從之（左襄三十一引泰誓）

衆非元后何戴后非衆無以守邦（周語引夏書）

民善之則畜也不善之則讎也（呂氏春秋適威篇引周書）

以上逸書

商王帝辛大惡于民庶民弗忍欣戴武王以致戎于商牧是先王非務武也勤恤民隱而除其害也（周語記祭公謀父語）

防民之口甚於防川川壅而潰傷人必多民亦如之是故爲川者決之使導爲民者宣之使言......夫民慮之於心而宣之於口成而行之胡可

壅也若壅其口其與能幾何（周語記召公語）

先王知大事之必以衆濟也故祓除其心以和惠民（周語記內史過語）

諺曰獸惡其網民惡其上書曰民可近也而不可上也......是則聖人知民之不可加也故王天下必先諸民然後庇焉（周語記單襄公語）

天所崇之子孫或在畎畝由欲亂民也畎畝之人或在社稷由欲靖民也（周語記太子晉語）

成王不敢康敬百姓......（周語記叔向語）

民不給將有遠志是離民也......將民之與處而離之......則何以經國（周語記單穆公語）

三四

民、所曹好（韋注曹羣也）鮮其不濟也其所曹惡鮮其不廢也故諺曰衆心成城衆口鑠金（同上）

晉人殺厲公邊人以告（魯）成公在朝曰臣殺其君誰之過也大夫莫對里革曰君之過也夫君人者其威大矣失威而至於殺其過多矣。

且夫君也者將牧民而正其邪者也若君縱回而棄民事……將安用之桀奔南巢紂踣于京厲流于彘幽滅于戲皆是術也（魯語）

昔者之伐也將以爲百姓也是以民能欣之故莫不盡忠極勞以致死（晉語記史蘇語）

民之有君以治義也義以生利利以豐民若之何其民之與處而棄之也（晉語記里克語）

長民者無親衆以爲親（晉語）

民、天之生也知天必知民矣（楚語記子革語）

以上國語

國將興聽於民將亡聽於神（莊三十二記史嚚語）

或謂鑾武子曰聖人與衆同欲是以濟事子盍從衆子大爲政將酌於民者也……商書曰三人占從二人衆故也武子曰善鈞從衆夫善衆之主也……（成六）

師曠侍於晉侯晉侯曰衛人出其君不亦甚乎對曰或者其君實甚良君將賞善而刑淫養民如子蓋之如天容之如地民奉其君愛之如父母仰之如日月敬之如神明畏之如雷霆其可出乎夫君神之主而民之望也若困民之生匱神乏祀百姓絕望社稷無主將安用之弗去何爲天生民而立之君使司牧之勿使失性有君而爲之貳使師保之勿使過度……史爲書瞽爲詩工誦箴諫大夫規誨士傳言庶人謗商旅于市百

工獻藝……諫失常也天之愛民甚矣豈其使一人肆於民上以從其淫而棄天地之性必不然矣（襄十四）

夫上之所爲而民亦爲之乃其所也又可禁乎（襄二十一記臧

武仲語）

君民者豈以陵民社稷是主臣君者豈爲其口實社稷是養（襄二五晏嬰語）

政治思想史

饮冰室專集之五十

鄭人游于鄉校以議執政然明謂子產曰毀鄉校如何子產曰何爲夫人朝夕退而遊焉以議執政之善否其所善者吾則行之其所惡者吾則

改之是吾師也若之何毀之……（襄三十二）

好惡不愆民知所適事無不濟（昭十五記叔向語）

鄉子產作丘賦國人謗之……子產曰何害苟利社稷死生以之苟闢爲善者不改其度故能有濟也民不可逞度不可改詩曰禮義

不愆何恤於人言吾不遷矣（昭四）

子產有疾謂子太叔曰……唯有德者能以寬服民其次莫如猛夫火烈民望而畏之故鮮死焉水懦弱民狎而翫之故多死焉（昭二十）

以上左傳

家之論魯貴族可見矣

傾公室故不爲賢士大夫所許觀晏嬰叔向之論齊貴族子

此者此固由霸政驟興之結果抑亦當時貴族常濫用民意以

據上所列舉以校其年代則知商周以前民本主義極有力西周之末尚然東遷以後漸衰至春秋末幾無復道

晏嬰叔向語見左傳昭三年子家語見昭二十五年

第四章　政治與倫理之結合

前既言之矣凡國家皆起源於氏族此在各國皆然而我國古代於氏族方面之組織尤極完密且能活用其精

神故家與國之聯絡關係甚圓滑形成一種倫理的政治尚書堯典曰

『克明俊德以親九族九族既睦平章百姓』

九族者上推高曾下逮曾玄要服小記所謂『親親以三爲五以五爲九』由本身推算親屬也百姓者楚語云

『所謂百姓……者何也……民之徹官百王公之子弟之質能言能聽徹其官者而物賜之姓……是爲百姓。

堯典此文「百姓」與下「黎民」對舉國語慶言「百姓」皆與「兆民」對舉是古代「百姓」實爲貴族專名然則姓何自來耶楚語此文言『物賜之姓』左傳亦云『天子建德因生以賜姓』〈隱〉是謂姓爲天子所賜然周語又云

『伯禹……克厭帝心皇天嘉之祚以天下賜姓曰姒……祚四岳國命爲侯伯賜姓曰姜……』

是又謂天子與侯伯之姓並由天所賜其實「姓」字從女生說文云『人所生也』初民社會先有母系然後有父系遂古部落皆從母以奠厥居各以所屬母爲徹別故著姓如姚姒姬姜嬴嬛妊字皆從女百姓卽羣部落之義言百者舉大數耳各姓之長皆名曰『后』其位相等夷故曰『羣后』後世謂之諸侯「羣后」中有功德優越者共戴爲「元后」後世謂之天子「姓」與社會組織之關係略如此晉語云

『異姓則異德異類……同姓則同德則同心」以今語釋之卽一百個種族不同之社會也故堯典以「平章」言百姓意謂平等調和各異族云爾

唐虞夏商所謂平章百姓者……同德則同心」

然則百其姓者成績如何史無徵焉至於周而發明一絕妙之平章法曰同姓不婚禮記大傳云

『繫之以姓……雖百世而昏姻不通者周道然也』

先秦
政治思想史

足見夏商以前未有此禁有之自周始質言之則同種族之人不得互婚凡婚姻必求諸異族也此種制度於我

民族之發榮有絕大影響蓋多數異族血統之混合即大民族所由醇化也周人自屬行此制於是「百姓」相

互間織成一親戚之網天子對於諸侯『同姓謂之伯父異姓謂之伯舅』制王詩有之『豈伊異人兄弟甥舅』

代其六一統政策所以能實現者半由是此制行之三千年至今不變我民族所以能蕃殖而健全者亦食其賜

焉。

以上所言者異族相互間之關係也若夫同族相互間更有所謂宗法者以維繫之而組織愈極綿密禮記喪服

小記及大傳述其梗概如下。

『別子為祖繼別為宗繼禰者為小宗有百世不遷之宗有五世則遷之宗。』

周人用此組織以規定各侯國內族屬之關係試為圖以表之

（宗法表）

		一世	二世	三世	四世	五世	六世
國君（開國）—嗣君—嗣君	○大宗	別子為祖（嗣君）（母弟）	別為宗	別為宗	別為宗	別為宗	別為宗
	○小宗	二世宗子之弟	大宗之弟 ○小宗 繼別小宗	大宗之弟 ○小宗 繼別小宗	大宗之弟 ○小宗 繼別小宗	大宗之弟 ○小宗 繼別小宗	大宗之弟 ○小宗 繼別小宗
			○小宗 繼禰小宗	繼祖小宗 繼禰小宗之弟	繼曾祖小宗 繼祖小宗 繼禰小宗之弟	繼高祖小宗 繼曾祖小宗 繼祖小宗 繼禰小宗之弟	○小宗 繼禰小宗之弟 繼祖小宗 繼曾祖小宗 繼高祖小宗

百世不遷　　五世則遷

三八

○小宗 嗣君庶弟
○小宗 嗣君庶弟
○小宗 嗣君庶弟

如是一國中國君之外更有唯一之百世不遷的大宗有無數五世則遷的小宗小宗羣小

宗各率其宗人以宗大宗大宗又率羣小宗以宗國君故詩曰『君之宗之』公劉言君與宗相待而成治也荀子

曰『大夫士有常宗』禮論言大宗也晉師服曰『大夫有貳宗』左桓二言小宗也叔向曰『肸之宗十一族惟羊舌

氏在而已』左昭三言小宗條分廣衍雖遷後仍以族相屬也

叔繡爲滕開國之君周公之弟周公爲武王母弟諸姬共戴之爲大宗故曰『吾宗國』也如是諸侯又各率其

宗以宗天子荀子曰『天子......聖王之子也......天下之宗室也』正論

宗法不惟行之國內而已諸國相互間亦行之孟子記滕之父兄百官稱『吾宗國魯先君』滕文公上故周之諸侯稱周曰『宗周』

宗法又不惟行於王侯之支庶而已一般平民亦有之左傳所記晉有『翼九宗』隱六『懷姓九宗』定四翼九

宗爲晉之支庶懷姓卽隗姓乃當時狄(匈奴)種也傳又記『楚人執戎蠻子致邑立宗以誘其遺民』哀四又記梗

陽人有獄魏戊不能斷以獄上其大宗』昭二十九此可見凡民皆各有宗且可以隨時增立而宗之所在卽民之

所歸也故周官云『以九兩繫邦國之民......五曰宗以族得民』大宰言宗達於上下也

如是國內各部分人民各以『同姓從宗合族屬』大傳而統之於君故曰『君有合族之道』同上焉其立法精

政治思想史

先秦

飲冰室專集之五十

神何在蓋利用人類通性而善導之故曰『人道親親也親親故尊祖尊祖故敬宗敬宗故收族』上同人莫不親

愛其父母因父母而尊父母所自出之祖先因祖先而敬及代表祖先之宗子卒乃以宗子之關係聯絡全族似

此大規模的家族組織遂成爲政治上主要原素再加以宗敎的氣味而效力益強『萬物本乎天人本乎祖』

郊特牲文 尊祖觀念與敬天觀念相結合推論之結果可以認全人類爲一大家族故曰『明乎郊社之禮禘嘗之義

治國其如示諸掌乎』中庸文 吾儕若能對於宗法精神根本明了則所謂『天下之本在國國之本在家』孟子文

所謂『欲治其國者先齊其家』大學文 庶幾乎可以索解矣

此種「家族本位的政治」在當時利病如何今不暇詳述要之此爲後此儒家政治思想之主要成分直至今

日其惰力依然存在然社會組織既已全變則其精神亦適爲殭石而已

第五章 封建及其所生結果

後儒多言封建爲唐虞以來所有其實非也夏殷以前所謂諸侯皆邃古自然發生之部落非天子所能建之能

廢之真封建自周公始武王克殷廣封先王之後見史記[1] 不過承認舊部落而已及『周公弔二叔之不咸乃衆建

親賢以屛藩周』左傳二十四 其新封之國蓋數十而同姓子弟什居七八[2]蓋一面承認舊有之部落而以新封諸國

參錯其間實際上舊部落多爲新建國之「附庸」[3]間接以隸於天子其諸國與中央之關係大略分爲甸侯衞

荒四種[4]甸爲王畿內之采邑侯卽諸侯衞蓋舊部落之爲附庸者荒則封建所不及之邊地也中央則以朝覲巡

狩會同等制度以保主屬的關係而諸國相互間復有朝聘會遇等制度以常保聯絡

四〇

（一）國語稱『自幕至于瞽瞍無違命』可見帝舜之祖宗本為一部落之長何書稱『虞賓在位』山海經稱帝丹朱，可見帝堯遜位後其子孫仍為一部落之長其他如商周部落等在虞夏時久已存在史文可徵皆非由封建也皋陶謨『外薄四海咸建五長』禹貢『錫土姓』『等語孟子言舜封弟象於有庳等事蓋後儒以周制比論不能認為史實

（二）荀子儒效篇稱周兼制天下立七十一國姬姓居五十三左傳昭二十八年稱武王兄弟之國十有五姬姓之國四十呂覽觀世篇稱周所封四百餘服國八百餘史記十二諸侯年表稱武王成康所封數百而同姓五十五國

（三）魯頌閟宮云『錫之山川土田附庸』任宿須句顓臾皆魯之附庸也

（四）古書言諸服之制尚書大傳稱周公攝政四年建侯衛酒誥康王之誥皆言侯甸男衛康誥稱侯甸男衛邦伯周語稱甸服侯服賓服要服荒服周官更有六服大服等異名吾略推定為四種

封建制度最大之功用有二一曰分化二曰同化

所謂分化者謂將同一的精神及組織分布於各地使各因其環境以盡量的自由發展天子與諸侯俱南面而治有不純臣之義【注文】公羊傳各侯國所有行政機關大略與天子相同所差者規模稍有廣狹耳天子不干涉侯國內政各侯國在方百里或方數百里內充分行使其自治權地域小則精神易以貫注利害切己則所以謀之者周此種組織本由部落時代之元后蛻變而來惟彼之羣后各就其本身之極觳薄的固有文化（？）徐徐堆集譬猶半就枯瘁之老樹此之侯國則由一有活力之文化統一體分泌出來為有意識的播殖活動譬猶從一大樹中截枝分栽別成一獨立之新根幹故自周初施行此制之後經數百年之蓄積滋長而我族文化乃從各地方為多元的平均發展至春秋戰國間遂有千巖競秀萬壑爭流之壯觀皆食封建之賜也

所謂同化者謂將許多異質的低度文化醇化於一高度文化總體之中以形成大民族意識封建之制有所謂

政治思想史

飲冰室專集之五十

衛服卽附庸者旣如前述此等附庸其性質在『司羣祀以服事諸夏』〔左僖二十一文〕質言之則舊部落而立於新侯

國指導之下者也不甯惟是春秋諸名國初受封時率皆與異族錯處故齊太公初至營丘萊夷與之爭國〔見史記〕

魯則密邇淮夷徐戎雜見詩書晉則『疆以戎索』〔左定四〕『狄之廣莫於晉爲都』〔左莊二十八〕籍談謂『晉居深山戎狄

之與鄰王靈不及拜戎不暇〔左昭十五〕『吳更斷髮文身之裔壤也』〔見史記〕可見殷周之際所謂華夏民族者其勢力不

出雍歧河洛一帶周家高掌遠蹠投其親賢於半開的蠻族叢中使之從事於開拓吸化之大業經數百年艱難

締造及其末葉而太行以南大江以北盡爲諸夏矣此種同化作用在國史中爲一最艱鉅之業直至今日猶未

完成而第一期奏效最顯者則周之封建也

我族人自稱曰華曰夏而目異族以蠻夷此兩相對待之名詞發源甚古而相沿亦甚久如『蠻夷猾夏』〔書堯典〕

『獲戎失華』〔左襄四〕此等辭語常出諸賢士大夫之口此蓋民族意識之標幟喜

魋已以示異於人恆情所不能免也然而我國所謂夷夏並無確定界線無數蠻夷常陸續加入華夏範圍以

擴大民族之內容試舉一例史記楚世家記周夷王時〔西紀前八九四至八七九〕楚子熊渠之言曰『我蠻夷也』春秋桓八

年〔前七○四〕楚子熊通之言仍曰『我蠻夷也』襄十四年〔前五六九〕楚子囊之言則曰『赫赫楚國……撫有蠻夷以

屬諸夏可見現代之湖北（楚）人向來自稱蠻夷乃經過百六十五年後忽自稱爲撫有蠻夷之諸夏此

等關節實民族意識變遷之自白讀史者不容輕輕放過也然則其所以能如此者何耶我國人四海一家萬人

平等的理想發達甚早書所謂『光天之下至于海隅蒼生萬邦黎獻共爲帝臣』〔皋陶謨〕詩所謂『普天之下莫

非王土率土之濱莫非王臣』〔北山〕蓋我先民之對異族略如長兄對其弱弟當其稚時不與抗禮及旣成年便爲

四二

平等翁弟之自覺亦復如是又同姓不婚之制亦爲夷夏混界一要具據左傳所記周襄王有狄后晉文公及其

異母弟夷吾奚齊皆諸戎所出文公自娶狄女季隗以叔隗妻趙衰生盾當時民間夷夏雜婚情況何如雖不可

知然貴族中則既有顯證此亦同化力猛進之一原因也

第六章　階級制度與替狀況

階級制度實人類文化初開時代所不能免其成立之早晚與消滅之遲速雖半由環境所決盪而民族思想根

柢亦與有力焉春秋前奴隸制度之痕跡見於諸經者甚少詩

經似一無可考易經書經有「童僕」「臣妾」等字玩文當

爲奴隸此外最奇異者爲春秋時楚芊尹無宇之言曰『天有

十日人有十等......王臣公公臣大夫大夫臣士士臣皂皂臣

輿輿臣隸隸臣僚僚臣僕僕臣臺』十左昭 其言若可信則古代

階級可謂極複雜雖然其界限並不嚴其地位移易似甚易『裴豹隸也著在丹書』焚書卽可儕於齊民二襄十

三鮑文子齊之執政也嘗爲隸於魯施氏八左定晉貴族『欒郤

胥原狐續慶伯降在皁隸』三左昭由此觀之所謂臣僕皁隸者

其性質與古代希臘諸國之奴隸及近代美之黑奴俄之農隸

等似有別蓋身分並不如彼等之固定也

易旅卦『喪其童僕』『得童僕』小畜
卦『畜臣妾吉』書微子『我罔爲臣僕
』發誓『臣妾逋逃』吾所記二經中近
於奴隸意義之文字僅此。

周官有蠻隸閩隸夷隸貉隸等名似是以
敵國俘虜充奴隸然春秋時似無此惡習。
古代有否未敢斷

我國古代奴隸制度何故不發達耶其根本蓋緣人類平等的理想入人甚深固無待言然亦事實上有自然

裁制焉為我國文化發生於太平原而生計託命於農業無論在部落時代封建時代各國皆以地廣人稀為病

思徠他國之民以自實觀孟子梁惠王篇商君書徠民篇等便

知其概戰國且然況在前此民如見虐則『逝將去汝適彼樂

國』鼠碩此當時為政者所甚恐也噢咻其民勿使生心實各

國政府保持勢力之第一義政治所以常顧慮人民利益蓋由

於此而民皆以農為業受一廛為氓自耕而自食之此種經濟

組織之下自然不適於奴隸之發育與歐洲古代國家發源於

地狹人稠之市府者本異其撰也

梁惠王篇『鄰國之民不加少寡人之民不加多何也』又『耕者皆欲耕於王之野商賈皆欲藏於王之市』徠民篇『吾欲徠三晉之民為之有道乎』此戰國時各國競欲以人為的政策增加人口之實

例

若夫貴族平民兩階級在春秋初期以前蓋劃然不相躐百姓與民對舉大夫士與庶人對舉君子與小人對

經傳中更僕難數乃至有『禮不下庶人刑不上大夫』等語似並法律上身分亦不平等關於此方面眞

如何雖未敢確答要之政權恆在少數貴族之手則徵之左傳中所記諸

國情事甚為明白蓋封建與宗法兩制度實行之結果必至如是也雖然

始終未行貴族政治者惟一秦國耳

此局至孔子出生前後已次第動搖『陪臣執國命』文 各國所在多

有如齊之陳氏本羈旅之臣卒專齊政而有齊國卽以孔子論彼明言『吾少也賤』嘗為委吏乘田蓋「庶

在官者」之流亞耳然其後固又為魯司寇參大政然則政權並非由某種固定階級永遠壟斷在春秋中葉

然。

貴族政治之完全消滅在春秋以後其促成之者孔墨諸哲學說與有力焉說詳次篇茲不先述然而環境之孕育此變化實匪伊朝夕其主要原因則在智識之散布下逮封建初期政治敎育與政治經驗皆少數貴族所專有一般平民既無了解政治之能力復無參加政治之欲望及其末期則平民之量日增而其質亦漸變第一小宗五世則遷遷後便與平民等故平民中含有公族血統者日益加多第二當時貴族平民互相通婚故實際上兩階級界限頗難嚴辨第三各國因政變之結果貴族降爲平民者甚多例如前文所舉『欒郤胥原降在卓隸』第四外國移住民多貴族之裔例如孔子之祖孔父在宋爲貴族而孔子在魯爲平民此等新平民其數量加增之速率遠過於貴族而其智識亦不在貴族之下此貴族政治不能永久維持之最大原因也

貴平兩級之混合在用語變遷上最能表明之古者貴族稱百姓賤族稱民兩語區別甚嚴其後則漸用於同一意義而大率以民字爲其代表古者君子小人爲身

周襄王以陽樊賜晉文公陽樊人不服晉圉之倉葛呼曰『此誰非王之親姻其俘之也』（左傳二十六）此外互婚之跡傳中可考徇多。

周語富辰曰『百姓兆民』韋注『百姓百官也官有世功受氏姓也』書堯典『平章百姓』鄭注『百姓羣臣之父子兄弟』此百姓之正訓指貴族也書呂刑『苗民勿用靈』鄭注『苗族三生凶惡故謂之民民者冥也言未見仁道』此民字之正訓指異族或卑族也。

左傳十五『小人慼謂之不免君子恕以爲必歸

分上對待語君子指貴族含有「少主人」的意味小

人蓋謂人中之低微者其後意義全變兩語區別不以

階級的身分為標準而以道德的品格為標準凡此皆

平民階級擴大且向上之結果致固有之階級觀念漸次漸滅而萬人平等的民本觀念乃起而代之也。

> 僖二十六『小人恐矣君子則否.』君子指士
> 大夫.小人指一般平民.經傳中類此者甚多.

第七章　法律之起原及觀念

在民族及封建的組織之下所以維繫團體者全恃情誼及習慣無取規焉以法律條章相約束以法治國的

觀念至戰國而始成立古無有也古代所謂法殆與刑罰同一意義法本字作灋說文云

『灋刑也平之如水從水廌所以觸不直者去之從廌去』

易象傳云

『利用刑人以正法也.』蒙卦

蓋初民社會之政治除祭祀鬪爭以外最要者便是訟獄而古代所有權制度未確立婚姻從其習慣故所謂民

事訴訟者殆甚稀有訟皆刑事也對於破壞社會秩序者用威力加以制裁即法之所由起也最初時並無律文

以定曲直標準惟取決於無意識之事物『廌觸不直』一類之折獄法至今澳非等洲之蠻人猶用之我國古

代殆亦如是

我國刑法之最初起原不可深考據書呂刑云

「苗民弗用靈制以刑惟作五虐之刑曰法」

似刑法實苗族所自創而我族襲用之我族之用此刑其初亦專以待異族所謂『報虐以威』也呂刑文 刑官最

古者推皋陶而舜命皋陶則云

『蠻夷猾夏寇賊姦宄汝作士五刑有服……』舜書典

是刑官全爲對蠻夷而設故春秋時倉葛猶曰

『德以柔中國刑以威四夷』左傳二十五

然則刑不施之於本國住民矣其後亦以施諸住民中之特種

階級所謂

『禮不下庶人刑不上大夫』曲禮

而「庶人」大率皆異族也故刑不上大夫與刑以威四夷其義實一貫

殊不知部落時代之刑律專爲所謂「庶人」之一階級而設

以今世思想繩之凡曾任顯官者卽不受刑律制裁寧非異事

然則古代對於貴族更無制裁之法乎曰有之放逐是已凡認其人爲妨害本社會秩序者則屏諸社會以外舜

典稱『流共工放驩兜……而天下咸服』所謂『投諸四裔以禦魑魅』左傳文『屏諸四夷不與同中國』大學

文也此與希臘之貝殼投票制頗相類直至春秋時此制猶留痕跡魯臧孫紇得罪魯人將盟臧氏季孫召外史

掌惡臣而問盟首歷述盟東門氏盟叔孫氏先例如何如何左襄二十三此種「盟」法卽聲其罪而放流之蓋古代

前所舉舜典舜命皋陶云其上文尙有

命契一段云『百姓不親五品不遜汝作

司徒敬敷五敎』百姓卽貴族大夫五敎

施諸百姓與五刑施諸蠻夷正相對

遺影也．

古代兵刑不分作士之皋陶其職在防蠻夷獷夏蓋含有以武禦暴之意故後世刑官之掌猶名曰「司寇」國

語記臧文仲之言曰

『大刑用甲兵中刑用刀鋸薄刑用鞭扑』<small>魯語</small>上

以用甲兵爲刑罰之一種即『刑威四夷』之確詁也易爻辭云

『師出以律』<small>師</small>卦

「律」字含有法律的意義自此文始而其物實首用之於師旅蓋刑也法也律也其初本以對異族或特種階

級而已在團體中之基本團體員（所謂貴族）以情誼相結合者良無需乎此及至用兵之際專恃情誼不足以帥

衆不能不爲律以蕭之史記律志漢書刑法志其發端皆極言兵事之不可以已驟讀之若與本題涉不相屬而

不知此兩事之在古代其觀念本同一也

降及後世一種族及階級之界限漸混前此制裁特種人所用之工具次第適用於一般人一面團體內事故

日繁前此偶然一用之手段寖假而時時用之此則法律之應用所由日廣也

法律條文之制定自何時始耶舜典雖有五刑之文不過就施刑方法分類法文無徵也晉叔向云

『夏有亂政而作禹刑商有亂政而作湯刑周有亂政而作九刑三辟之作皆叔世也』<small>左昭</small>六

據此則夏商周皆有制定刑律之事逸周書云

『維四年孟夏……王命大正正刑書……大史筴刑書九篇以升授大正』<small>嘗麥</small>魯大史克云

『先君周公作誓命曰「毀則〔訓〕爲賊掩賊爲藏竊賄爲盜竊器爲姦」……有常無赦在九刑而不忘」左文

八十

綜此諸文似周確有刑書其物者成於周公時代其書篇數爲九且原書至春秋猶存士大夫多能誦習之後此

儒家盛言文武周公以禮治國衡諸往故殆未必然觀逸周書世俘篇則周初之果於殺戮實可驚卽云其言難

盡信然書經中康誥酒誥等篇言刑事綦詳可見其視之甚重酒誥云『厥或告曰「羣飲」汝勿佚盡執拘以

歸於周予其殺』飲酒細故而科死罪倘所謂『刑亂國用重典』耶費誓爲周公子伯禽所作全篇百七十餘

字而『汝則有常刑有大刑有無餘刑』之文凡五見是魯開國時刑律抑甚嚴矣雖然周公對於刑罰固以敎

化主義爲其精神其言曰

『人有小罪非眚乃惟終自作不典式爾有厥罪小乃不可不殺乃有大罪非終乃惟眚災適爾旣道極厥辜

時乃不可殺』康誥

又曰

『……勿庸殺之姑惟敎之有斯明享乃不用我敎辭惟我一人弗恤弗蠲乃事時同于殺』酒誥

釋此諸文可知當時所謂『義刑義殺』者康誥意不在償懲而在感革故積極的倫理觀念視消極的保安觀

念爲尤重故又云

『元惡大憝矧惟不孝不友子弗祇服厥父事大傷厥考心于父不能字厥子乃疾厥子于弟弗念天顯乃弗

克恭厥兄兄亦不念鞠子哀大不友于弟惟弔茲不于我政人得罪天惟與我民彝大泯亂曰乃其速由文王

作罰刑茲無救』康誥

周官司救云『掌萬民之衺惡過失而誅讓之以禮防禁而救之……凡民之有衺惡者三讓而三罰……恥諸嘉石役諸司空』大司寇云『凡萬民之有罪過而未麗于法者……桎梏而坐諸嘉石役于司空』周官雖非周公書然此所言感化主義的刑罰其精神恐當傳自周初。

似此吾名之曰禮刑一致的觀念刑罰以助成倫理的義務之實踐爲目的其動機在敎化此實法律觀念之一大進步也尤當注意者其所謂倫理乃對等的而非片面的父與子之於子弟其道德責任一如子弟之於父兄此又法律平等之見端矣

此後刑律之見於經傳者如周穆王有呂刑其中一部分殆近於條文齊有軌里連鄉之法晉有被廬之法楚有茅門之法令皆傳其名其餘各國類此者甚多至春秋末葉始漸有成文法公布之舉而疑議亦讅起鄭子產鑄刑書叔向規之左昭六晉趙鞅賦民一鼓鐵以鑄刑鼎孔子歎焉左昭二十九且亦有以私人而製刑法草案者故鄭駟歂殺鄧析而用其竹刑左定九自茲以往禮治法治之爭嚻然矣

周官稱『懸法象魏』之文甚多蓋戰國以後理想的制庭耳。

第八章　經濟狀況之部分的推想

自虞夏至春秋閒時千六七百年其間社會物質上之嬗變不知凡幾三代各異其都至春秋而文物分化發展所被幅員比今十省各地民俗物宜不齊欲將千餘年時間萬餘里空間之一切經濟狀況概括敍述談何容易

本論所云不敢云徧一部分而已·不敢云眞推想而已·

吾儕所最欲知者古代田制——或關於應用土地之習慣——變遷之跡何如凡社會在獵牧時代其土地必

爲全部落人所公有如現在蒙古青海皆以「某盟某旗牧地」爲區域名稱卽其遺影也蓋獵牧非廣場不可

故地只能公用而無所謂私有及初進爲農耕時則亦因其舊以可耕之地爲全族共同產業詩周頌云

「貽我來牟帝命率育無此疆爾界」思文

此詩歌頌后稷功德言上帝所賜之麥種普徧播殖無彼我疆界之分最古之土地制度蓋如是其後部落漸進

爲國家則將此觀念擴大認土地爲國有故曰『普天之下莫

非王土』詩北山 此種國有土地人民以何種形式使用之耶據

孟子云

> 詩云:「無此疆爾界」是則作詩時必已
> 有彼我疆界·故追念古蹟而重言其特色
> 也·此詩假定爲周成康時作·則其時土地
> 私有權當已成立·

『夏后氏五十而貢殷人七十而助周人百畝而徹』滕文公上

孟子所說是否爲歷史上之事實雖未敢盡信但吾儕所能以

情理揣度者一農耕旣與以後農民對於土地所下之勞力恆希望其繼續報酬故不能如獵牧時代土地之純

屬公用必須劃出某處面積屬於某人或某家之使用權二當時地廣人稀有能耕之人則必有可耕之田故每

人或每家有專用之田五七十畝乃至百畝其事爲可能三古代部落各因其俗宜以自然發展制度斷不能劃

一夏殷周三國各千年世長其土自應有其各異之田制以此三事故吾認孟子之說爲比較的可信卽根據之

以研究此三種田制之內容何如

一、貢。貢者人民使用此土地而將土地所產之利益輸納其一部分於公家也。據孟子所說則其特色在「

校數歲之中以為常」而立一定額焉。據禹貢所記則其所納農產品之種類亦因地而殊。所謂「百里賦

納總二百里納銍三百里納秸服四百里粟五百里米」是也。禹貢又將「田」與「賦」各分為九等。而

規定其稅率高下。孟子所謂「貢制」殆兼指此但此種課稅法似須土地所有權確立以後始能發生。是

否為夏禹時代所曾行吾不敢言。所敢言者孟子以前必已有某時代某國家曾用此制耳。

二、助。孟子釋助字之義云「助者藉也」其述助制云「方里而井井九百畝其中為公田八家皆私百畝

同養公田」此或是孟子理想的制度古代未必能如此整齊畫一且其制度是否確為殷代所曾行是否

確為殷代所專有皆不可知。要之古代各種複雜紛歧之土地習慣中必曾有一種焉在各區耕地面積內

割出一部分為「公田」而藉借人民之力以耕之此種

組織名之為助有公田則助之特色也公田對私田而言

夏小正云「初服于公田」詩云「雨我公田遂及我私

」大田據此則公田之制為商周間人所習見而共曉矣土

夏小正所記天體現象·經學者考定為西紀前一千年中國北方所見者·故其書當為商周之際之著作。

地一部分充公家使用一部分充私家使用郎以助耕公田之勞力代租稅則助之義也。

三、徹。詩「徹田為糧」劉

王治岐耕者九一」意謂耕者之所入九分而取其一殆即所謂徹也。孟子此言當非杜撰蓋徹諸論語所

記「哀公問有若曰『年饑用不足如之何』有若對曰『盍徹乎』公曰『二吾猶不足如之何其徹也。

「……」可見徹確爲九分或十分而取其一，魯哀公時已倍取之，故曰『二吾猶不足』，二對一言也。觀哀公有若問答之直捷，可知徹制之內容。在春秋時尙人人能了，今則書闕有間，其與貢助不同之點安在，竟無從知之。國語記『季康子欲以田賦，使冉有訪諸仲尼，仲尼不對，私於冉有曰「……先王制土籍田以力而砥其遠近……君子季孫欲其法也，則有周公之籍矣」……』（魯語）籍田以力則似助，砥其遠近則似貢。此所說若卽徹法則似貢助混合之制也。此法周人在邠岐時蓋習行之，其克商有天下之後是否繼續，吾未敢言。

據此種極貧乏且蒙混之史料，以從事推論。大抵三代之時，原則上土地所有權屬於國家，而使用權則耕者享之。國家對於耕者，徵輸其地力所產什之一或九之一。此所徵者純屬公法上之義務，而非私法上之酬償。除國家外，無論何人對於土地，只能使用不能「所有」也。然而使用權享之旣久，則其性質亦能逼近所有權。逼近矣，故謂古代凡能耕之民，卽能「所有」其土地。使用權亦無不可，惟使用權是否可以買賣，史籍中無明文可考，在此事未得確證以前未可遽認。

> 曲禮言『田里不鬻』似土地不能買賣，然又言『獻田宅者操書致』則是有地契矣。要之戴記所述多秦漢時之事實或其時學者之理想，未可遽據以論定古制。

制在事實上已成立亦無不可。換言之，則謂土地私有制又換一方向以發展焉。夫所謂『普天之下莫非王土』者，本屬公權的意味，質言之則土地國有而已。雖然事實上旣以君主代表國家，君與國易混爲一談，寖假而公權私權之觀念亦混，於是發生一種其後土地私有私有制爲完全存在也。

畸形的思想認土地為天子所有天子既「所有」此土地即可以自由賜予與人故用封建的形式『錫土姓，

』書為頁文『錫之山川土田附庸』詩文閟宮是即天子將其土地所有權移轉於諸侯也諸侯既「所有」此土地又

得自由以轉賜其所親暱故卿大夫有「采地」有「食邑」——此種事實左傳國語及其他古籍中記載極

詳今不枚舉——是即土地所有權移轉於諸國之臣下也於此有極當注意者一事焉即此所謂移轉者實為

所有權而非使用權蓋所有此土地之人並非耕用此土地之

人也以吾所推度土地私有制蓋與封建制騈進最遲到西周

末春秋初蓋已承認私有為原則詩曰『人有土田女反有之』

者謂奪吾之使用權變為汝之所有也至是既無復「王土」

瞻「人有」者謂吾本有此土田之使用權也「女反有之」
印

者謂吾本有此土田之使用權也至是既無復「王土」之可言矣。

漢後儒者喜談封建井田輒謂此兩制同
時並行不知井田為土地國有制而此制
與封建制下之食邑采地實不相容也。

在此種狀態之下吾儕所亟欲研究者則前此所耕為「土地使用權」之農民其地位今復何如前此所耕為「

王土」以公法上之義務輸地力所產之一部分以供國用於情理為甚平今所耕者什九皆貴族采地也彼貴

族者皆不耕而仰食於農故詩人譏之曰『不稼不穡胡取禾三百廛兮』檀伐農民使用此土地除國家正供外

尚須出其一大部分以奉田主於是民殆不堪命晏嬰述當時齊國人之生活狀況曰『民參其力二入於公而

衣食其一』三左昭他國如何雖史無明文度亦不相遠夫農業國家唯一之生產機關在土地土地利益之分配

偏宕至於此極此則貴族政治所以不能不崩壞而社會問題所以日縈於當時學者之腦而汲汲謀解決也

附錄四　春秋『作稅畝』『用田賦』釋義

春秋宣十五年『初稅畝』左傳云『初稅畝非禮也穀出不過藉以豐財也』公羊傳云』......譏始履畝

而稅也何譏乎始履畝而稅古者什一而藉......』後儒多解初稅畝為初壞井田似是而實非也古代之課

於田者皆以其地力所產比例而課之無論田之井不井皆如是除此外別無課也稅畝者除課地力所產外

又增一稅目以課地之本身——即英語所謂 Land Tax 不管有無所產專以畝為計算單位有一畝稅一

畝故曰履畝而稅魯國當時何故行此制以吾度之蓋前此所課地力產品以供國用者今地既變為私人食

邑此部分之收入已為「食」之者所得食邑愈多國家收入愈蝕乃別立履畝而稅之一稅源以補之自「

稅畝」以後農民乃由一重負擔而變為兩重負擔是以春秋譏之也

春秋哀十二年『用田賦』後儒或又以為破壞井田之始井田有無且勿論藉如彼輩說宣十五年已破壞

矣又何物再供數十年後之破壞今置是說專言「稅畝」與「田賦」之區別賦者『出車徒供繇役』即

孟子所謂『力役之征』也初時為本屬人的課稅其性質略如漢之「口算」唐宋以來之「丁役」哀公

時之川田賦殆將此項課稅加徵於田畝中略如清初「一條鞭」之制此制行而田乃有三重負擔矣此民

之所以日困也

復次吾儕所甚欲知者古代商業狀況何如臯陶謨有『懋遷有無化居』語似商業在唐虞時已發達雖然吾

前已屢言虞夏書爲春秋前後人追述未可遽據爲史實以情理度之夏禹以前當爲部落共產時代未必有商

業之可言酒誥云『肇牽車牛遠服買用孝養厥父母』羣經中明言商業者似以此爲最古據此則商周間已

顏盛矣詩經『氓之蚩蚩抱布貿絲』氓『如賈三倍』卬皆

足爲春秋前商業漸展之證春秋中葉以後鄭商人弦高出其

貨品以紓國難[左僖三十三]鄭子產又言其國君與商人世有盟誓

則商人地位似甚高孔子稱子貢『不受命而貨殖焉』[左昭十六]

論語史記稱『子貢廢著鬻財於曹魯之間』『范蠡治產積居

與時逐……三致千金』[傳貨殖]皆春秋末年事因此吾輩可以

大概推定春秋時商業蓋與農業駢進但各地狀況不同彼地

狹人稠之鄭國發達當最早其餘或仍有甚微微者

於此最當注意者則貨幣起原及變遷之跡何如詳言之則商業何時始由實物交易進爲貨幣交易耶貨幣何

時始川金屬鑄造且有一定重量耶此問題甚重要因資本制度之發生其基礎在此也

繫辭傳稱『日中爲市致天下之民聚天下之貨交易而退各得其所』孟子稱『古之爲市者以其所有易其

所無有司者治之耳』此所記未知爲確指何時之制度但實物交易之習慣直至漢時猶甚盛行則古代更可

想古代最初之貨幣爲貝殼故凡關於財貨之字皆從貝五貝排貫名之曰「朋」易爻辭言『喪貝』言『十

朋之龜』詩言『錫我百朋』鐘鼎文中記『王賜貝』者頗多間有記所賜之數者大率五朋十朋可見貝在

昭十六傳記晉韓起市環於鄭商子產曰
『昔我先君桓公與商人皆出自周……
世有盟誓以相信也曰『爾無我叛我無
強買……特此質誓故能相保以至於今
』……』據此可推想當時政府對於商
人之態度何如

古代極為貴重，貝產水濱，可想見最初之貨幣交易起於黃河下游入海各地。其後應用漸廣，而實貝不給，則有用他物仿製者。近頃在彰德附近之古殷墟發見骨製之貝，人造貨幣現存者當以此為最古。其後漸以銅仿製，俗所稱蟻鼻錢即銅貝也。是為金屬貨幣之始。再進則以銅仿製為刀形，為農器形。為刀形者今錢譜家所謂刀幣也。

〔吾舊著「春秋時貨幣種類及流通狀況考」曾登載新民叢報，今意見變遷甚多，然所蒐資料尚有一部分可用。〕

為農器形者彼輩所稱「方足布」「尖足布」等皆是。此物在古代謂之「錢」，不謂之「布」。

〔錢譜家謾稱某種古錢為少吳時代物，為虞夏贖刑所用物，為太公圜法，為周景王大錢，其實皆以意附會耳。古錢流傳至今者，恐無戰國以前物。茲事吾當著專篇考之，本書非經濟史不能詳及也。〕

「布」錢譜家陋耳。詩「庤乃錢鎛」，「錢」為小農器，如今之鋤或鏟，方尖足布即仿其式。此類之貨幣皆由實物交易一轉手。當人類發明用銅之後，社會故貴重者即為銅製之刀及農具，常以他種實物如牲畜穀米布帛之類與之交換。其後漸用之為價值公準，於是仿其形而縮小之，以為代表，則一定重量之金屬貨幣所由起也。刀及錢皆仿縮原物，而上加一環穿孔，以便貫串，用之既久，其工準為社會所公認，則並其刀與錢（農器）之原形而去之，僅留一圓環。其後更將環之內孔易圓為方，使與「外圓內方」之道德觀念結合，則後世「制錢」之所由成立也。後世言圜法者，盛稱太公管子錢幣之興，濫觴齊境，或不失為一種史實。雖然，吾細讀左傳，覺其時用金屬貨幣之痕跡甚少，間有一二亦末葉（昭定哀時）事耳。因此，吾欲假定春秋中葉以前之商業狀況仍以實物交易為原

政治思想史

先秦

飲冰室專集之五十

五八

則吾所以斷斷考證此事者因貨幣未通用以前資本儲藏之量勢不能爲無制限的擴張此於經濟社會組織

之變遷其所關最鉅也

貸資取息之行爲在春秋時當然已有但此種行爲似仍以實物借貸行之齊晏嬰述陳氏專齊之政策謂『以

家量貸而以公量收之』三[左昭] 謂貸民以粟而貸出時與收回時所用之斗量異也使貨幣已盛行借貸者必不

復爲此笨滯之舉晏子與孔子同時齊又爲用幣最早之國而當時狀況猶如是故可假定爲終春秋之世資本

制度未能成立也

本　論

第一章　時代背景及思潮淵源

我國大思想家之出現實在西紀前五三〇至二三〇之三百年間吾命之曰全盛時代前論所紀之種種斷片的思想與制度不過為本時代之先驅而已本時代為文化發育最高之時距後此正史成立年代亦較近宜若有更完備翔實之史料可供摹索然而不然前乎此者尚有國語左傳兩書吾儕得據之以察見春秋時國勢民情之大概自魯哀十八年（前四七七）至周威烈王二十三年（前四〇三）七十餘年間史籍殆無片紙後此約二百年間雖有戰國策一書然年月不具且詞多夸誕難可憑信此蓋由秦始皇盡燔諸侯史記致史家資糧毅薄至此此時代全社會之變化至迅且劇所以能孕育種種瑰偉思想者半由於此吾深感有詳寫背景之必要為資料及本書篇幅所限僅略分前後兩半期從政治社會學問三方簡述崖略云爾（前半期指本時代之前一百年後半期指後二百年）

甲．政治方面．

一　封建制度在前半期已屆末運並霸政亦衰熄兼幷盛行存者殆不及二十國至後半期遂僅七國並
　　立最後以至混一

二　貴族政治與封建同其命運強族篡國摧殘餘宗內中惟秦國自春秋以來始終未用貴族卒以此致

盛强故各國爭效之入後半期而特種階級完全消滅所謂「世卿」者已無復痕跡純爲布衣卿相之

局。

三．經前此數百年之休養交通境內諸民族同化已熟疇昔所謂夷狄——如秦楚吳越等悉混成於諸
夏其境上之異族——即後此之匈奴東胡等悉攘逐於徼外

四．各國境宇日恢民衆日雜前此之禮文習慣不足以維繫故競務修明法度以整齊畫一其民

五．既無貴族則權集於一成爲君主獨裁政體而權威之濫用勢所難免

六．後半期約二百年間爲長期戰爭各方面交起因兵數增加兵器及戰術進步之故戰禍直接間接所
被極烈

乙．社會經濟方面

一．各國幅員既廣又統於一尊於是大都會發生如秦
咸陽齊臨淄趙邯鄲魏大梁……之類爲政治商業文
化一切之中心其氣象之博大爲前此所無亦因人民
競趨都市生活之故前此宗法組織農村組織等益不
能維持

二．交通大開貨幣盛行經濟重心由農業趨於工商業如猗頓之以鹽郭縱之以冶鐵烏氏倮之以畜
牧寡婦清之以穴礦皆起甿庶與王者埒富〔史記貨殖傳〕而呂不韋以陽翟大賈乃能運陰謀廢置國王執持

齊策蘇秦言『臨淄七萬戶．車轂擊人肩．摩連衽成帷．舉袂成幕．揮汗成雨．』雖不無鋪張．要可見都市滂興繁盛之概

三·國柄·本史記傳 蓋貴族仆而富閥代興其勢力乃至侵入政治實開前史未有之局·

前此農業時代奴隸甚少即有之其待遇殆與家族之一員無異及工商的資本階級發生其力足以廣畜奴僕而資其勞作以自封殖而當時征斂煩苛農業荒廢之結果農夫失業迫而自鬻於是新奴隸階級起史稱白圭（孟子同時人）「與用事僮僕同苦樂」以為美談史記貨殖傳 則僮僕苦樂不與齊民同者久矣·

> 孔子日常用事·如『冉有僕』『樊遲御·』『闞黨童子將命·』『使門人為臣·』等皆見於論語並不見有用奴僕痕跡此殆當時士大夫通智·非必孔子特倡此平等制也·

丙·學術方面

一·前此貴族階級即為智識階級自貴族消滅後如前篇所說平民之量與質同時增上於是智識下逮普及純帶朝氣以瀰漫於社會·

二·前此教育為學官掌之舍官府外無學問至孔子開私人講學之風墨子繼之其宗旨又在『有教無類』故智識平均發展之速率益增·

> 子張顏僢顏濁聚大盜學於孔子·禽滑釐亦大盜學於墨子皆成名賢·

三·列國並立互競務延攬人才以自佐如秦孝公齊威王宣王梁惠王燕昭王乃至孟嘗平原春申信陵之四公子咸以「禮賢下士」相尚而「處士」聲價日益重而士之爭自濯磨者亦日衆·

四·大師之門『從者恆數百』文子而大都會尤為人文所萃如『齊稷下常聚數萬人或賜列第為大

政治思想史

五. 夫不治而議論」史記田完世家文 他國殆亦稱是智識交換之機會多思想當然猛進。

當時書籍傳寫方法似甚發達故『蘇秦發書陳篋數十』秦策『墨子南遊載書甚多』墨子貴義篇文 可
見書籍已甚流行私人藏儲頗便且富既挈究有資且相觀而善足以促成學術勃興之機運。

以上五事就物的的基件說更有心的基件

六. 社會變遷太劇刺戟人類心理之驚詫及疑悶而亟求所以解決慰藉之方故賢智之士自能盡出種
種方案以應當世之要求。

七. 自周初以來文化經數百年之蓄積醞釀根柢本極深厚加以當時政治上社會上以前述之種種關
係思想完全解放兩者機緣湊泊故學術光華超軼前後

綜以上三方面十六事觀之則當時社會狀況及政治思想所以全盛之故大略可觀矣今將此時代三百年間

政況之變遷及政治思想界主要人物出生年代列表如左

先秦政治思想史

三百年間政況及政治思想界主要人物年代表

年代	（大　事）	（大思想家及大政治家）
前532 景王十四至 敬王三十八 前482	魯三家專政齊田氏專政晉六卿專政 楚滅陳蔡　鄭滅許　宋滅曹 吳楚吳越交兵 春秋告終	子產 鄧析 孔子(前五五二生四七九卒) 計然
至 敬王三十九 考王 前432	越滅吳　楚滅蔡滅杞 周分東西 韓趙魏滅智氏　晉政歸三家 戰國開始	老子(？) 關尹(？)
安王二十至 考王二十 前382	韓趙魏分晉 田氏簒齊 楚滅莒　韓滅鄭 齊屢伐魯殆滅之 天下分爲秦楚燕齊韓趙魏七國 秦魏屢交兵	墨子(前四七〇至三八〇？) 李悝(前四二四至三八七?) 楊朱(？)
顯王三十七至 安王廿一 前332	秦孝公用商鞅變法驟強 魏屢敗於秦徙都大梁 齊威王驟強招天下遊士集稷下 楚滅越益強 七國相王 韓趙魏屢相攻	尸佼 申不害(前三三七卒) 商鞅(前三三八卒)
赧王三十三至 顯王三十八 前282	蘇秦張儀等合縱連橫 燕齊相攻 秦滅蜀屢伐楚盡其國之半屢伐韓幾 滅之 趙武靈王略取胡地	孟子(前三七二至二八九？) 宋鈃　尹文 彭蒙　田駢　慎到 許行　陳仲 白圭 鄒衍 莊子(前三三五至二七五？) 惠施 公孫龍
秦始皇十五至 赧王三十四 前232	韓魏服於秦 秦趙交兵　燕趙交兵　燕齊交兵 秦滅六國	荀子(前三一〇至二三〇？) 韓非(前二三三卒) 李斯(前二〇八卒)

第二章　政治思想四大潮流及研究資料

春秋戰國間學派繁苜秦漢後或概括稱爲百家語或從學說內容分析區爲六家爲九流．其實卓然自樹壁壘

者儒墨道法四家而已．其餘異軍特起略可就其偏近之處附庸四家．四家末流雖亦交光互影然自各有其立

腳點所在故今惟以四家爲一期思想之主幹．

四家思想之內容當於次章以下分別詳述．惟欲令學者先得一概念以爲研究之準備故先以極簡單之辭句

敍說如下．

一．道家．信自然力萬能而且至善以爲一涉人工便損自然之樸故其政治論建設於絕對的自由理想

之上極力排斥干涉結果謂並政府而不必要．吾名之曰「無治主義」

二．儒家．謂社會由人類同情心所結合而同情心以各人本身最近之環圈爲出發點順等差以漸推及

遠．故欲建設倫理的政治以各人分內的互讓及協作使同情心於可能的範圍內盡量發展求相對的自

由與相對的平等之實現及調和．又以爲良好的政治須建設於良好的民衆基礎之上而民衆之本質要

從物質精神兩方面不斷的保育方能向上．故結果殆將政治與教育同視而於經濟上之分配亦甚注意．

吾名之曰「人治主義」或「德治主義」或「禮治主義」

三．墨家．其注重同情心與儒家同惟不認遠近差等．其意欲使人人各撤去自身的立腳點同歸依於一

超越的最高主宰者(天)其政治論建設於絕對的平等理想之上而自由則絕不承認結果成爲敎會政

治吾名之曰「新天治主義」（對三代前之舊天治主義而言）

四　法家　其思想以「唯物觀」爲出發點常注意當時此地之環境又深信政府萬能而不承認人類箇

性之神聖其政治論主張嚴格的的干涉但干涉須以客觀的「物準」爲工具而不容主治者以心爲高下

人民惟於法律容許之範圍內得有自由與平等吾名之曰「物治主義」或「法治主義」

右四段以思想性質爲序試取譬於歐陸各國國會席次則道家其極左黨法家其極右黨儒家則中央黨而墨

家則中央偏右者也至其發生及成立年代則儒家爲傳統的學派成立最早道家成立年代大有疑問然最早

亦當在儒家後遲或竟在墨家成立年確在儒家後法家發生甚早或竟在儒家前而成立則在彼

三家後此其大較也今次論四家之代表人物及其年代與著作

儒家宗孔子人所共知孔子生春秋之末當西紀前五五二至四七九年世傳其删詩書定禮樂贊易修春秋但

詩書禮皆舊文樂無文字易傳是否全出孔子尚有問題確經孔子手定者惟春秋耳吾儕研究孔子不能遽求

諸其著述惟當求諸其弟子及後學所記所記最醇粹可信者首推論語次則易傳次則公羊氏所傳春秋其

二戴禮記各篇成立年代早晚不同最晚者實出漢儒手且純駁亦互見當分別觀之要之論語以外各書若

指爲孔子學說則尚容商榷若認爲儒家學說蓋無大過也儒家至戰國末有二大師一爲孟子一爲荀卿年代

具如前表所推定孟子書有孟子七篇蓋其門人手記而大半曾經孟子閱定者荀卿書有荀子三十二篇其中

或有一小部分爲後人竄亂附益要亦無踰越畔岸之處故以此二書及前舉各書貫通研究便可見儒家思想

之全部及其派分變遷之跡

道家言宗老莊人所共知但老子五千言之著者果為誰氏莊子三十三篇之著者果為何時人今尚為學界懸

案未決之問題舊說大率認五千言之著者為孔子所從問

之老聃果爾則其人為孔子先輩道家當在儒家前成立雖然

問老聃著書之說從何出不外據史記本傳然史記即以與太

史儋老萊子三人並舉不能確指為誰墨子孟子皆好譏評而

未嘗一及老聃其書中有『失道而後德失德而後仁失仁而後義失義而後禮』等文似是難儒家有『不尚

賢使民不爭』等文似是難墨家有『民不畏死奈何以死懼之』等文似是難法家以此推之其書或頗晚出

要之最早不能在孔子以前最晚不能在莊子以後也莊子年代亦難確考惟知其與惠施同時約當孔子百年

後其書真偽參半要皆道家言也楊朱為道家重要人物偽列子中曾詳述其學說雖未敢盡信然合此亦更無

所資別有許行一派蓋道家別出之附庸其緒論見孟子中

> 關於老子之疑問可看汪中述學崔述洙
> 泗考信錄及拙著學術講演集中評胡適
> 之中國哲學史大綱

墨家由墨翟開宗翟蓋孔子卒後十餘年生孟子生前十餘年卒其學說具見墨子五十三篇中雖間有後人附

益然而目大致可見其後學有惠施一派專言名學與政治較為緣遠有宋鈃一派專弘「非攻」義為宣傳墨

宗政論一健將兩派著述皆無傳其緒論時見於莊孟荀諸家書中

法家成為一學派時代頗晚然所謂「法治思想」者其淵源抑甚古蓋自「宗法政治」破壞以後為政者不

能不恃法度以整齊其民於是大政治家競以此為務其在春秋則管仲子產范蠡其在戰國則李悝吳起申不

害商鞅之流皆以法治卓著成績其事業與言論往往論影響於社會人心其在野學者如鄧析計然之徒時復

以議法文談法術顯於春秋逮戰國末年則慎到尹文輩益精

摰法理至韓非而集其成斯則法家之所以蔚爲大國也今所

存諸家書當以愼子尹文子韓非子爲斯學代表管子商君書

雖非管仲商鞅所作然皆戰國末治法家言者之所推演薈集

其價值亦與儒家之戴記埒也

四家重要之人物及著作大略如右但猶有一事當注意者各

派末流交光互影其性質絕不如初期之單純故荀卿之言禮

與法家所謂法殆相逼近韓非爲法家鉅子而解老喻老諸篇

蓋粹於道家言尹文亦法家而「非攻」說則宗墨者諸如此

類各家皆然觀異觀同是在學者之懸解也已

今先將四家重要旨趣分別論次而別舉數問題爲各家所共趨或互諍者比較評隲於後凡二十一章．

第三章　儒家思想（其一）

儒家言道言政皆植本於「仁」不先將仁字意義說明．則儒家思想末由理解也．仁者何以最粗淺之今語釋

之．則同情心而已．『樊遲問仁子曰愛人』論語　謂對於人類有同情心也．然人曷爲而有同情心耶．同情心曷爲

獨厚於人類耶孔子曰

大政治家年表	
管仲相齊	（前708—643）
子產相鄭	（前543—522）
范蠡相越	（前482—472）
李悝相魏	（前424—387）
吳起相楚	（前401—381）
商鞅相秦	（前352—338）
申不害相韓	（前351—337）
李斯相秦	（前237—208）

『仁者人也』中庸

此言「仁」之概念與「人」之概念相函再以今語釋之則仁者人格之表徵也故欲知「仁」之為何當先知「人」之為何「人」何以名吾儕因知有我故比知有人我圓顯而方趾橫目而睿心因此凡見有顱趾

心同於我者知其與我同類者凡屬此一類者錫予以一「大共名」謂之「人」人也者通彼我而始得名者也

彼我通斯為仁故「仁」之字從二人鄭玄曰『仁相人偶也』注 禮記 非人與人相偶則「人」之概念不能成

立申言之若世界上只有一個人則所謂「人格」者決無從看出人格者以二人以上相互間之「同類意識

」而始表現者也既爾則亦必二人以上交相依賴然後人格始能完成

智的方面所表現者為同類意識的方面所表現者為同情心荀子所謂『有知之屬莫不知愛其類也』愛

類觀念以消極的形式發動者則謂之恕以積極的形式發動者則謂之仁子貢問一言可以終身行孔子曰

『其恕乎己所不欲勿施於人』

於文如心為恕推己度人之謂也惟有同類意識故可以相推度吾所不欲者以施諸犬馬或適為彼所大欲焉

未可知也我既為人彼亦為人我感受此而覺苦痛則知彼感受焉而苦痛必同於我如吾心以度彼而「勿施

」焉即同情心之消極的發動也故孟子曰

『強恕而行求仁莫近焉』

消極的恕近仁而已積極的仁則更有進孔子曰

『夫仁者己欲立而立人己欲達而達人能近取譬可謂仁之方也已』

譬者比也以有我比知有彼以我所欲比彼所欲是謂『能近取譬』近取譬即『如心』之恕也然恕與仁復異名者恕主於推其所不欲仁主於推其所欲我現在所欲立之地位必與我之同類相倚而並立我將來所欲到達之地位必與我之同類駢進而共達何也人類生活方式皆以聯帶關係（即相人偶）行之非人人共立此地位則我決無從獨立非人人共達此地位則我決無從獨達「立人達人」者非立達別人之謂乃立達人類之謂彼我合組成人類故立達彼即立達人類立達人類即立達我也用「近譬」的方法體驗此理徹底明了是謂『仁之方』手足麻痺稱為「不仁」為其同在一體之中而彼我痛癢不相省也二人以上相偶始能形成人格之統一體同在此統一體之中而彼我痛癢不相省斯謂之不仁反是斯謂仁是故仁不仁之概念可得而言也曰不仁者同類意識麻木而已矣仁者同類意識覺醒而已矣

儒家曷為對於仁之一字如此其重視耶儒家一切學問專以「研究人之所以為人者」為其範圍故孟子曰

『仁也者人也合而言之道也』

荀子曰

『道仁之隆也……非天之道非地之道人之所以道也』（儒效）

吾儕若離卻人之立脚點以高談宇宙原理物質公例則何所不可顧儒家所確信者以為『人能弘道非道弘人』故天之道地之道等等悉以置諸第二位而惟以「人之所以道」為第一位質言之則儒家舍人生哲學外無學問舍人格主義外無人生哲學也

吾為政治思想史曷為先縷縷數千言論人生哲學耶則以政治為人生之一部門而儒家政論之全部皆以其

人生哲學爲出發點不明乎彼則此不得而索解也今當入本題矣孔子下「政」字之定義與其所下仁字定

義同一形式曰

『政者正也』

然則如何始謂之正且何由以得其正耶彼有『平天下絜矩之道』在所謂

『所惡於上毋以使下所惡於下毋以事上所惡於前毋以先後所惡於後毋以從前所惡於右毋以交於左

所惡於左毋以交於右此之謂絜矩之道』大學

儒家政治對象在『天下』然其於天下不言治而言平又曰『天下國家可均』平也均也皆正之結果也何

以正之道在絜矩絜矩者以我爲標準絜者以我量彼荀子曰非相

『聖人者以己度者也故以人度人以情度情以類度類』相

故絜矩者即所謂能近取譬也即所謂同類意識之表現也吾儕讀此章有當注意者兩點

第一 所謂絜矩者純以平等對待的關係而始成立故政治決無片面的權利義務

第二 所謂絜矩者須人人共絜此矩故政治乃天下人之政治非一人之政治

此文絜矩之道專就消極的「恕」而言即荀子所謂『除怨而無妨害人』也

欲社會能爲健全的結合最少非相互間各承認此矩之神聖爲不可然「矩」之作用不以此爲止更須進

而爲積極的發動夫然後謂之「仁」孟子曰

『仁者以其所愛及其所不愛』

又曰

『人皆有所不忍達之於其所忍仁也』

人類莫不有同類意識然此「意識圈」以吾身爲中心點隨其環距之近遠以爲強弱濃淡故愛類觀念必先

發生於其所最親習吾家族則愛之非吾家族則不愛同國之人則不忍異國人則忍焉由所愛以『及其所不

愛』由所不忍以『達於其所忍』是謂同類意識之擴大孟子曰『古之人所以大過人者無他焉善推其所

爲而已矣』推者何擴大之謂也然則所以推之道奈何彼之言曰

『老吾老以及人之老幼吾幼以及人之幼天下可運諸掌詩云「刑于寡妻至於兄弟以御於家邦」言舉

斯心加諸彼而已』

『舉斯心加諸彼』即『能近取譬』『老吾老以及人之老……』即『欲立立人欲達達人』循此塗徑使

同類意識圈日大此則所謂『仁之方』也

明乎此義則知儒家之政治思想與今世歐美最流行之數種思想乃全異其出發點彼輩獎厲人情之析類而

相嫉吾儕利導人性之合類而相親彼輩所謂國家主義者以極褊狹的愛國心爲神聖異國則視爲異類雖竭

吾力以斃之於死亡無所謂『不忍』者存結果則糜爛其民而戰以爲光榮正孟子所謂『不仁者以其所不

愛及其所愛』也彼中所謂資本階級者以不能絜矩故恆以己所不欲還施諸勞工其罪誠無可恕然左袒勞

工之人——如馬克斯主義者流則亦日日鼓吹以己所不欲還施諸彼而已詩曰『人之無良相怨一方』以

此爲教而謂可以改革社會使之向上吾未之聞孟子曰

先秦

政治思想史

飲冰室專集之五十

七二

七二

『離則不祥莫大焉』離婁上

荀子曰

『彼將顋顋焉日日相離嫉也我今將頓頓焉日日相親愛也』王制

以吾儕誦法孔子之中國人觀之所謂社會道德者最少亦當以不相離嫉爲原則同類意識只有日求擴大而

斷不容獎厲此意識之隔斷及縮小以爲吉祥善事是故所謂「國民意識」「階級意識」者在吾儕腦中殊

不明瞭或竟可謂始終未嘗存在然也以此點爲吾儕不如人處則吾之不敏殊未敢承

且置此事復歸本文儒家之理想的政治則欲人人將其同類意識擴充到極量以完成所謂「仁」的世界此

世界名之曰「大同」大同政治之內容則如禮記禮運篇所說

『大道之行也天下爲公選賢與能講信脩睦故人不獨親其親不獨子其子使老有所終壯有所

長鰥寡孤獨廢疾者皆有所養男有分女有歸貨惡其棄於地也不必藏諸己力惡其不出於身也不必爲己

是故謀閉而不興盜竊亂賊而不作故外戶而不閉是謂大同』

此章所包含意義當分三段解剖之

一 『天下爲公選賢與能講信脩睦』此就純政治的組織言所言「天下」與下文之『城郭溝池以爲

固』相對蓋主張「超國家」的組織以全世界爲政治對象所言「爲公」及「選賢與能」與下文之

『大人世及以爲禮』相對蓋不承認任何階級之世襲政權主張政府當由人民選舉所言講信脩睦指

地域團體（近於今世所謂「國際的」而性質不同）相互間關係主張以同情心爲結合基本

二『故人不獨親其親……女有歸』此就一般社會組織言主張以家族為基礎而參以「超家族」的

精神除老壯幼男女廢疾……等生理差別外認人類一

切平等在此生理差別上充分利用之以行互助其主要

在『壯有所用』一語老幼皆受社會公養社會所以能

舉此者則由壯者當以三四十年服務於社會也

大戴記云『六十以上·上所養也·十五以下·上所長也·』「上」即國家或社會之代詞。

三『貨惡其棄於地也不必藏諸己力惡其不出於身也不必為己』此專就社會組織中關於經濟條件

者而言貨惡棄地則凡可以增加生產者皆所獎厲然不必不藏諸己則資本私有甚非所重不惟不肯掠取

剩餘價值而已力惡不出故常認勞作為神聖然不必為己不以物質享樂目的漬此神聖也此其義蘊與

今世社會主義家艷稱之『各盡所能各取所需』兩格言正相脗但其背影中別有一種極溫柔敦厚之

人生觀在有一種「無所謂而為」的精神在與所謂「唯物史論」者流乃適得其反也

儒家懸此以為政治最高理想之鵠明知其不能驟幾也而務向此鵠以進行

故孔子自言曰『丘未之逮也而有志焉』之禮運此文冠語進行之道奈何亦曰以同類意識為之樞而已故曰

『聖人耐即能以天下為一家中國為一人非意之也』意即臆字言非臆度之談必知其情辟即譬於義明於其利達於其

患然後能為之』禮運末段文

不仁之極則感覺麻木而四肢痛癢互不相知仁之極則感覺銳敏而全人類情義利患之於我躬若電之相震

也信平『以天下為一家中國為一人非意之也』

第四章 儒家思想（其二）

大同者宇宙間一大人格完全實現時之圓滿相也然宇宙固永無圓滿之時圓滿則不復成為宇宙儒家深信
此理故易卦六十四始「乾」而以「未濟」終焉然則在此不圓滿之宇宙中吾人所當進行者何事耶曰吾
人常以吾心力所能逮者向上一步使吾儕所嚮往之人格實現宇宙圓滿的理想稍進丶著稍增一分而已其
道奈何曰吾儕固以同類意識擴大到極量為職志然多數人此意識方在麻木狀態中邅言擴大故未談擴大
以前當先求同類意識之覺醒覺醒之第一步則就其最逼近最簡單之「相人偶」以啓發之與父偶則為子
與子偶則為父與夫偶則為婦與婦偶則為夫……先從此等處看出人格相互關係然後有擴充之可言此則
倫理之所由立也論語記

　『齊景公問政於孔子孔子對曰「君君臣臣父父子子」公曰「善哉信如君不君臣不臣父不父子不子
雖有粟吾得而食諸」』

大學稱『止於至善』其條理則

　『為人君止於仁為人臣止於敬為人子止於孝為人父止於慈與國人交止於信』

中庸述孔子言亦云

　『所求乎子以事父所求乎臣以事君所求乎弟以事兄所求乎朋友先施之』

此即絜矩之道應用於最切實者凡人非為人君即為人臣非為人父即為人子而且為人君者同時亦為人臣

或嘗為人臣為人父者同時亦為人子或嘗為人子此外更有

不在君臣父子……等關係範圍中者則所謂「朋友」所謂

「與國人交」君如何始得為君以其履行對臣的道德責任

故謂之君反是則君不君臣如何始得為臣以其履行對君的

道德責任故謂之臣反是則臣不臣父子兄弟夫婦朋友莫不

皆然若是者謂之五倫後世動謂儒家言三綱五倫非也儒家

只有五倫並無三綱五倫全成立於相互對等關係之上實即

「相人偶」的五種方式故禮運從五之偶言之亦謂之「十

義」父慈子孝兄良弟悌夫義婦聽長惠幼順君仁臣忠　人格先從直接交涉者體驗起

同情心先從最親近者發動起是之謂倫理

凡倫理必有差等『於所厚者薄無所不薄也』孟子故先務厚其所不得不厚者焉於是乎有所謂『親親之殺

尊賢之等』中庸即吾前文所謂意識圈以吾身為中心點隨其環距之近遠以為強弱濃淡也此環距之差別相

實即所以表現同類意識覺醒之次第及其程度墨家不承認之儒家則承認之且利用之此兩宗之最大異點

也

儒家欲使各人將最切近之同類意識由麻木而覺醒有一方法焉曰「正名」此方法即以應用於政治論語

記

君宇不能專作王侯僻凡社會組織總不
能無長屬關係長即君屬即臣例如學校
師長即君生徒即臣工廠經理即君廠員
即臣師長對生徒經理對廠員宜止於仁
生徒對師長所授學業廠員對經理所派
職守宜止於敬不特此也凡社會皆以一
人兼君臣二役師長對生徒為君對學校
為臣乃至天子對天下為君對天為臣儒
家所謂君臣應作如是解

『子路曰「衛君待子而爲政子將奚先」子曰「必也正名乎」子路曰「有是哉子之迂也奚其正」子

曰「野哉由也君子於其所不知蓋闕如也名不正則言不順言不順則事不成事不成則禮樂不與禮樂不

與則刑罰不中刑罰不中則民無所措手足故君子名之必可言也言之必可行也君子於其言無所苟而已

矣」』

吾儕幼讀此章亦與子路同一感想覺孔子之迂實甚繼讀後儒之解釋而始知其深意之所存董仲舒春秋繁

露云

『名者大理之首章也錄其首章之意以窺其中之事則是非可知逆順自著……』深察名號篇

又云

『名生於眞非其眞弗以爲名名者聖人之所以眞物也故凡百議[原作護][疑誤]有□□者各反其眞則□□者還

昭昭耳欲審曲直莫如引繩欲審是非莫如引名名之審於是非也猶繩之審於曲直也詰其名實觀其離合

則是非之情不可以相讕已』同上

荀子云

『王者之制名名定而實辨道行而志通則愼率民而一焉

……今聖王沒名守慢奇辭起名實亂是非之形不明則雖

守法之吏誦數之儒亦皆亂也……異形離心交喻異物名

實互紐貴賤不明同異不別如是則志必有不喻之患而事

君君臣臣父父子子則名實相應斯可貴
君不君臣不臣……則名不副實斯可賤
此文「明貴賤」當作如是解非指地位
之尊卑言

必有困廢之禍……」正名篇

荀董書中此兩篇皆論語正名章注腳．欲知儒家對於「正名

」之義曷為如此其重視當先略言名與實之關係實者事物

之自性相也名者人之所命也每一事物抽出其屬性而命以

一名視其名而其「實」之全屬性具攝焉所謂『錄其首章

之意以窺其中之事』也由是循名以責實則有同異離合是

非順逆貴賤之可言第一步名與實相應謂之同謂之合不相

應謂之異謂之離第二步同焉合為者謂之是謂之順異焉離

焉者則謂之非謂之逆第三步是焉順焉者則可貴

非焉逆焉者則可賤持此以裁量天下事理則猶引繩以審曲直也此正名之指也

正名何故可以為政治之本耶其作用在使人「顧名思義」則麻木之意識可以覺醒焉即如子路所假設「

待子為政」之衛君其人即拒父之出公輒也其父蒯瞆名為人父實則父不父輒名為人子實則子不子持名

以衡其是非貴賤則俱非也使各能因其名以自警覺則父子相人偶之意識可以回復矣又如今中華

民國號稱共和「共和」一名所含屬性何如未或能正也從而正之之使人人能『錄其首章之意以窺其中之

事』以力求實際之足以副此名者則可以使共和之名「如其真」矣此正名之用也

孔子正名之業在作春秋莊子曰『春秋以道名分』天下篇董子曰『春秋辨物之理以正其名名物如其真不

失秋豪之末』名號篇繁露深察司馬遷曰『春秋文成數萬其指數千萬物聚散皆在春秋』太史公自序蓋孔子手著之

繁露深察名號篇舉命名之一例云『合
五科以一言謂之君．君者元也．君者原也．
君者權也．君者溫也君者群也．』此言君
之一名合有此五種屬性必具此五乃副
君名．缺一則君不君矣．

書，惟有一種其書實專言政治即春秋也故孟子曰『春秋天子之事也』其書義例繁賾非本文所能具詳舉

要言之則儒家倫理之結晶體從正名所得的條理將舉而措之以易天下者也故春秋有三世之義始據亂次

升平終太平謂以此爲敎則人類意識漸次覺醒可以循政治上所懸理想之鵠而日以向上也

「仁」之適用於各人之名分者謂之義『義者宜也』中庸其析爲條理者謂之禮『禮者所以履也』禮器孔子

言政以義禮爲仁之輔而孟子特好言義荀子尤善言禮當別於第六七兩章詳解之

第五章　儒家思想（其三）

儒家此種政治自然是希望有聖君賢相在上方能實行故吾儕可以名之曰「人治主義」人治主義之理論

何由成立耶儒家以爲聖賢在上位可以移易天下所謂

『君子……脩己以敬……脩己以安人……脩己以安百姓』論語

『君子篤恭而天下平』中庸

『君子之守脩其身而天下平』孟子

問其何以能如此則曰在上者以心力爲表率自然能如此故曰

『政者正也子帥以正孰敢不正』論語

『子欲善而民善矣君子之德風也小人之德草也草上之風必偃』論語

『上好禮則民莫敢不敬上好義則民莫敢不服上好信則民莫敢不用情』上同

「上老老而民興孝上長長而民興弟上恤孤而民不悖」大學．

此類語句見於儒家書中者不可枚舉既已如此則政治命脈殆專繫君主一人之身故曰．

「君仁莫不仁君義莫不義君正莫不正一正君而國定矣」孟子

惟其如此則所謂善政者必

「待其人而後行」中庸

惟其如此故

「惟仁者宜在高位不仁者而在高位是播其惡於衆也」孟子

雖然仁者不出世而不仁者接踵皆是如何能使在高位者必皆仁者耶儒家對此問題遂不能作圓滿解答故

其結論落到

「其人存則其政舉其人亡則其政息」中庸

儒家之人治主義所以被法家者流抨擊而幾至於鏖滅者即在此點敵派之論調至敘述彼派時更定其評價．

今不先贅

吾儕今所欲討論者儒家之人治主義果如此其脆薄而易破耶果真如世俗所謂「賢人政治」者專以一聖

君賢相之存沒為與替耶以吾觀之蓋大不然吾儕既不滿於此種賢人政治思所以易之之術不出二

途其一以「物治」易「人治」如法家所主張使人民常為機械的受治者理由俟於叙彼派時更詳論其

二以「多數人治」易「少數人治」如近世所謂「德謨克拉西」以民衆為政治之骨幹此二途者不待辨

而知其應採第二途矣。而儒家政治論精神之全部正向此途以進行者也。

儒家深信非有健全之人民則不能有健全之政治故其言政治也惟務養成多數人之政治道德政治能力及

政治習慣謂此為其政治目的也可謂此為其政治手段也亦可然則挾持何具以養成之耶則亦彼宗之老生

常譚——仁義德禮等而已就中尤以禮為主要之工具故亦名之曰「禮治主義」孔子嘗論禮與法功川之

比較曰

『凡人之知能見已然不能見將然禮者禁於將然之前而法者禁於已然之後⋯⋯禮云禮云貴絕惡於未

萌而起敬於微眇使民日徙善遠罪而不自知也』小戴禮記經解篇 大戴禮記禮察篇

此言禮之大用可謂博深切明法禁已然譬則事後治病之醫藥禮防未然譬則事前防病之衞生術儒家之以

禮導民專使之在平日不知不覺間從細微地方起養成良好習慣自然成為一健全之人民也孔子又曰

『禮義以為紀⋯⋯示民有常如有不由此者在勢者去衆以為殃』禮運

法是特政治制裁力發生功用在此政府之下即不能不守此禮法禮則不然專恃社會制裁力發生功用，

願守此禮與否儘可隨人自由但此禮既為社會所公認時有不守者則視同怪物(衆以為殃)雖現在有勢位之

人亦終被擯棄(在勢者去)此種制裁力雖不能謂全無流弊然最少亦比法治的流弊較輕則可斷言孔

子於是下一決論曰第七章 別論之

『道之以政齊之以刑民免而無恥道之以德齊之以禮有恥且格』論語

此章在中外古今政治論中實可謂為最徹底的見解試以學校論道之以政齊之以刑則如立無數規條罰則，

如何如何警學生之頑如何如何防學生之惰爲師長者則自居警察以監視之勤于涉之周爲盡職其最良之

結果不過令學生兢兢焉期免於受罰然以期免受罰之故必至用種種方法以逃監察之耳目或於條文拘束

所不及之範圍內故意怠恣皆所難免養成此種卑劣心理人格便日漸墮落而不自覺故曰免而無恥道之以

德齊之以禮者則專務以身作則爲人格的感化專務提醒學生之自覺養成良好之校風校風成後有干犯破

壞者不期而爲同輩所指目其人卽亦羞媿無以自容不待強迫自能洗其心而革其面也故曰有恥且格此二

術者利害比較昭然甚明學校且然國家尤甚且如英國人者以最善運用憲政聞於今世者也問彼有憲法乎

無有也有選舉法議院法乎無有也藉曰有之則其物固非如所謂「憲令著於官府」不過一種無文字的

條深入人心而已然而舉天下有成文憲法之國民未聞有一焉能如英人之善於爲政者此其故可深长思也

無文字的信條謂之習慣習慣之合理者儒家命之曰「禮」故曰「禮也者理之不可易者也」記樂儒家確信

非養成全國人之合理的習慣則無政治可言不此之務而戀戀然朝制一法律幕頒一條告不惟無益而徒增

其害此禮治主義根本精神所在也

儒家固希望聖君賢相然所希望者非在其治民莅事也而在其『化民成俗』記學所謂

『勞之來之匡之直之輔之翼之使自得之』孟子

政治家惟立於扶翼匡助的地位而最終之目的乃在使民「自得」以「自得」之民組織社會則何施而不

可者如此則政治性質恰與教育家性質同故曰『天相下民作之君作之師』逸書孟子引吾得名之曰「君師

合一主義」抑所謂扶翼匡助又非必人人而撫摩之也儒家深信同類意識之感召力至偉且速謂欲造成何

種種風俗惟在上者以身先之而已，前文所引「上好禮則民莫敢不敬……」「上老老而民興孝……」諸義，其所重全在此一點，即以在上者之人格與一般人民人格相接觸，使全人類之普徧人格循所期之目的以向上，是故

『民日遷善而不知為之者』孟子

此種感召力又不徒上下之交而已，一般人相互關係莫不有然，故曰

『一家仁一國興仁，一家讓一國興讓，一人貪暴一國作亂，其機如此』大學

一人一家之在一國如一血輪之在一體也，或良或惡其影響皆立徧於全部，所謂「正己而物正」者，非獨居上位之人為然也，凡人皆當有事焉，故大學言修身齊家治國平天下之事而云

『自天子以至於庶人壹是皆以修身為本』

由此言之修其身以平天下，匪直天子也，庶人亦然，故

『或謂孔子曰「子奚不為政」子曰「書云『孝乎惟孝友于兄弟施於有政』是亦為政，奚其為為政」』論語

由孔子之言則亦可謂全國人無論在朝在野皆「為政」之人，吾人之行動無論為公為私皆政治的行動也，此其義雖若太玄渺而無畔岸，雖然吾儕苟深察「普徧人格」中各箇體之相互的關係，當知其言之不可易，嗚呼此真未易為「機械人生觀者流」道也，

明乎此義則知儒家所謂人治主義者絕非僅恃一二聖賢在位以為治，而實欲將政治植基於「全民」之上，

荀子所謂『有治人無治法』其義並不謬實即孔子『人能弘道非道弘人』之旨耳如曰法不待人而可

爲治也則今歐美諸法之見採於中華民國者多矣今之政易爲而曰亂耶

要而論之儒家之言政治其唯一目的與唯一手段不外將國民人格提高以目的言則政治即道德道即政

治以手段言則政治即教育教育即政治道德之歸宿在以同情心組成社會教育之次第則就各人同情心之

最切近最易發動者而瀹啓之『孩提之童無不知愛其親及其長也無不知敬其兄』子孟人苟非甚不仁則未

有於其所最宜同情之人（父母兄弟）而不致其情者既有此同情即可藉之爲擴充之出發點故曰

『君子篤於親則民興於仁故舊不遺則民不偷』語論

又曰

『愼終追遠民德歸厚矣』語論

全社會分子人人皆厚而不偷以共趨嚮於仁則天下國家之治平舉而措之而已矣何以能如是則『施由親

始』子孟『殺人之父者人亦殺其父殺人之兄者人亦殺其兄』子孟故『愛親者不敢惡於人敬親者不敢慢於

人』經孝儒家利用人類同情心之最低限度爲人人所同有者而灌植之擴充之使達於最高限度以完成其所

理想之「仁的社會」故曰

『人人親其親長其長而天下平』子孟

儒家此種理想自然非旦夕可致故孔子曰

『如有王者必世而後仁』語論

又曰．

「善人為邦百年亦可以勝殘去殺矣」論語

後儒謂「王道無近功」信然蓋儒家政治之目的誠非可以一時一地之效率程也宇宙本為不完成之物創

造進化曾靡窮期安有令吾儕滿足之一日滿足則乾坤息矣或評孔子曰

「是知其不可而為之者與」

夫「不可」固宇宙之常態也而「為之」則人之所以為人道也孔子曰

「鳥獸不可與同羣吾非斯人之徒與而誰與天下有道丘不與易也」論語

同類意識與同情心發達到極量而行之以「自強不息」斯則孔子之所以為孔子而已．

第六章　儒家思想（其四）（孟子）

儒家政治思想其根本始終一貫惟自孔子以後經二百餘年之發揮光大自宜應時代之要求為分化的發展，

其末流則孟子荀卿兩大家皆承孔子之緒而持論時有異同蓋緣兩家對於人性之觀察異其出發點孔子但

言「性相近習相遠」所注重者在養成良「習」而止而性之本質如何未嘗剖論至孟子主張性善荀卿主

張性惡所認之性既異則所以成「習」之具亦自異故同一儒家言而間有出入焉然亦因此而於本宗之根

本義益能為局部細密的發明故今於兩家特點更分別論之．

儒家政治論本有唯心主義的傾向而孟子為尤甚「生於其心害於其政發於其政害於其事」滕文公下公孫丑上 此

語最為孟子樂道『正人心』『格君心』等文句書中屢見不一見孟子所以認心力如此其偉大者皆從其

性善論出來故曰

『人皆有不忍人之心先王有不忍人之心斯有不忍人之政矣以不忍人之心行不忍人之政治天下可運

諸掌』 公孫
丑上

何故不忍人之心效力如此其偉大耶孟子以為人類心理有共通之點此點即為全人類溝通之祕鑰其言曰

『故凡同類者舉相似也何獨至於人而疑之……口之於味也有同耆焉耳之於聲也有同聽焉目之於色

也有同美焉至於心獨無所同然乎』 告子上

何謂心之所同然

『惻隱之心人皆有之羞惡之心人皆有之辭讓之心人皆有之是非之心人皆有之……惻隱之心仁之端

也羞惡之心義之端也辭讓之心禮之端也是非之心智之端也……凡有四端於我者知皆擴而充之矣若

火之始然泉之始達苟能充之足以保四海……』 公孫
丑上

人皆有同類的心而心皆有善端人人各將此心擴大而充滿其量則彼我人格相接觸遂形成普徧圓滿的人

格故曰『苟能充之足以保四海』也此為孟子人生哲學政治哲學之總出發點其要義已散見前數章中可

勿再述

孟子之最大特色在排斥功利主義孔子雖有『君子喻義小人喻利』之言然易傳言『利者義之和』言『

以美利利天下』大學言『樂其樂而利其利』並未嘗絕對的以「利」字為含有惡屬性至孟子乃公然排

斥之全書發端記與梁惠王問答即昌言

『何必曰利亦有仁義而已矣王曰何以利吾國大夫曰何以利吾家士庶人曰何以利吾身上下交征利而

國危矣萬乘之國弒其君者必千乘之家千乘之國弒其君者必百乘之家萬取千焉千取百焉不爲不多矣

苟爲後義而先利不奪不饜』梁惠王上

宋牼將以利不利之說說秦楚罷兵孟子謂『其號不可』其言曰

『先生以利說秦楚之王秦楚之王悅於利以罷三軍之士樂罷而悅於利也爲人臣者懷利以

事其君爲人子者懷利以事其父爲人弟者懷利以事其兄是君臣父子兄弟終去仁義懷利以相接然而不

亡者未之有也……何必曰利』告子下

書中此一類語句甚多不必枚舉要之此爲孟子學說中極主要的精神可以斷言後此董仲舒所謂『正其誼

不謀其利明其道不計其功』即從此出此種學說在二千年社會中雖保有相當勢力然真能實踐者已不多

及近十餘年泰西功利主義派哲學輸入浮薄者或曲解其說以自便於是孟董此學幾成爲嘲侮之鵠今不能

不重新徹底評定其價值

營私罔利之當排斥此常識所同認無俟多辨也儒家——就中孟子所以大聲疾呼以言利爲不可者並非專

指一件具體的牟利之事而言乃是言人類行爲不可以利爲動機申言之則凡計較利害——打算盤的意思

都根本反對認爲是『懷利以相接』認爲可以招社會之滅亡此種見解與近世（就中美國人尤甚）實用哲學者

流專重『效率』之觀念正相反究竟此兩極端的兩派見解孰爲正當耶吾儕毫不遲疑的贊成儒家言吾儕

確信「人生」的意義不是用算盤可以算得出來吾儕確信人類只是為生活而生活並非為求得何種效率而生活有絕無效率的事或效率極小的事吾儕理應做或樂意做者還是做去反是雖常人所指為效率極大者（無論為常識所認的效率或為科學方法分析評定的效率）吾儕有許多不能發見其與人生意義有何等關係是故吾儕於效率主義已根本懷疑即讓一步謂效率不容蔑視然吾儕仍確信效率之為物不能專以物質的為計算標準最少亦要通算精神物質之總和（實則此總和是算不出來的）又確信人類全體的效率並非由一個一個人一件一件事的效率相加或相乘可以求得所以吾儕對於現代最流行的效率論認為是極淺薄的見解絕對不能解決人生問題。

「利」的性質有比效率觀念更低下一層者是為權利觀念權利觀念可謂為歐美政治思想之唯一的原素彼都所謂人權所謂愛國所謂階級鬬爭……等種種活動無一不導源於此乃至社會組織中最簡單最密切者如父子夫婦相互之關係皆以此觀念行之此種觀念入到吾儕中國人腦中直是無從理解父子夫婦間何故有彼我權利之可言吾儕真不能領略此中妙諦此妙諦既未領略則從妙諦推演出來之人對人權利地方對地方權利機關對機關權利階級對階級權利乃至國對國權利吾儕一切皆不能了解既不能了解而又豔羨此「時髦」學說謂他人所以致富強者在此必欲採之以為我之裝飾品於是如邯鄲學步新未成而故已失比年之蜩唐沸羮不可終日者豈不以此耶我且勿論彼歐美人固充分了解此觀念特以為組織社會之骨幹者也然其社會所以優越於我者何在吾儕苦未能發明即彼都人士亦竊竊焉疑之由孟子之言則直是「交征利」『懷利以相接』『不奪不饜』『然而不亡者未之有也』質而言之權利觀念全由彼我對抗而

生與通彼我之「仁」的觀念絕對不相容而權利之爲物其本質含有無限的膨脹性從無自認爲滿足之一

日誠有如孟子所謂『萬取千千取『百而不壓』者彼此擴張權利之結果只有『爭奪相殺謂之人患』禮之

一途而已置社會組織於此觀念之上而能久安未之前聞歐洲識者或痛論彼都現代文明之將即滅亡殆以

此也我儒家之言則曰

『能以禮讓爲國夫何有』論語

孟子既絕對的排斥權利思想故不獨對個人爲然對國家亦然其言曰

『我能爲君辟土地充府庫今之所謂良臣古之所謂民賊也……我能爲君約與國戰必克今之所謂良臣

古之所謂民賊也……』告子下

又曰

『爭地以戰殺人盈野爭城以戰殺人盈城此所謂率土地而食人肉罪不容於死故善戰者服上刑連諸侯

者次之辟草萊任土地者次之』離婁上

由孟子觀之則今世國家所謂軍政財政外交與夫富國的經濟政策等等皆罪惡之源泉也惟其如是故孟子所認定之政治事項其範圍甚狹

利觀念出發者皆罪惡之源泉也惟其如是故孟子所認定之政治事項其範圍甚狹

『滕文公問爲國孟子曰民事不可緩也』滕文公上

民事奈何從消極的方面說先要不擾民所謂

『不違農時穀不可勝食也數罟不入洿池魚鼈不可勝食也斧斤以時入山林材木不可勝用也穀與魚鼈〔梁惠王上〕

不可勝食材木不可勝用是使民養生送死無憾也養生送死無憾王道之始也』〔梁惠王上〕

從積極的方面說更要保民保民奈何孟子以為

『無恆產而有恆心者惟士爲能若民則無恆產因無恆心苟無恆心放辟邪侈無不爲矣及陷乎罪然後

而刑之是罔民也是故明君制民之產必使仰足以事父母俯足以畜妻子樂歲終身飽凶年免於死亡然後

驅而之善故民之從之也輕』〔梁惠王上〕

政治目的在提高國民人格此儒家之最上信條也孟子卻看定人格之提高不能離卻物質的條件最少亦要

人人對於一身及家族之生活得確實保障然後有道德可言當時唯一之生產機關自然是土地孟子於是提

出其生平最得意之土地公有的主張——即井田制度其說則

『方里而井井九百畝其中爲公田八家皆私百畝同養公田』〔滕文公上〕

『五畝之宅樹之以桑五十者可以衣帛矣雞豚狗彘之畜無失其時七十者可以食肉矣百畝之田勿奪其

時八口之家可以無飢矣』〔梁惠王上〕

既已人人有田可耕有宅可住無憂飢寒雖然

『飽食煖衣逸居而無教則近於禽獸』〔滕文公上〕

於是

『設爲庠序學校以敎之』滕文公上

使

『壯者以暇日脩其孝弟忠信』梁惠王上

在此種保育政策之下其人民

『死徙無出鄉鄉田同井出入相友守望相助疾病相扶持則百姓親睦』滕文公上

孟子所言井田之制大略如是此制孟子雖云三代所有然吾儕未敢其信或遠古習慣有近於此者而儒家推演以完成之云爾後儒解釋此制之長處謂『井田之義一曰無泄地氣二曰無費一家三曰同風俗四曰合巧拙五曰通財貨』公羊傳宣十五年何注 此種農村互助的生活實爲儒家理想中最完善之社會組織所謂『王者之民皞皞如也』盡心上 雖始終未能全部實行然其精神深入人心影響於我國國民性者實非細也

由是觀之孟子言政治殆不出國民生計國民敎育兩者之範圍質言之則舍民事外無國事也故曰

『民爲貴社稷次之君爲輕』盡心下

政府施政壹以順從民意爲標準

『所欲與之聚之所惡勿施爾也』離婁上

順從民意奈何曰當局者以民意爲進退

『左右皆曰賢未可也諸大夫皆曰賢未可也國人皆曰賢然後察之見賢焉然後用之左右皆曰不可勿聽諸大夫皆曰不可勿聽國人皆曰不可然後察之見不可焉然後去之』梁惠王下

其施政有反於人民利益者則責備之不稍容赦其言曰

『殺人以梃與刃有以異乎曰無以異也以刃與政有以異乎曰無以異也曰庖有肥肉廄有肥馬民有饑色野有餓莩此率獸而食人也獸相食且人惡之爲民父母行政不免於率獸而食人惡在其爲民父母也』_{梁惠}

此等語調不惟責備君主專制之政而已今世歐美之中產階級專制勞農階級專制由孟子視之皆所謂『殺人以政不免於率獸而食人』者也

儒家之教雖主交讓然亦重正名『齊宣王問曰「湯放桀武王伐紂有諸」孟子對曰「於傳有之」曰「臣弒其君可乎」曰「賊仁者謂之賊賊義者謂之殘殘賊之人謂之一夫聞誅一夫紂矣未聞弒君也」』_{梁惠王下}

儒家之教雖主交讓然亦重正名『欲爲君盡君道』_{離婁}既不盡君道則不能復謂之君故

儒家認革命爲正當行爲故易傳曰『湯武革命順乎天而應乎人』_{革象}孟子此言即述彼意而暢發之耳雖然儒家所主張之革命在爲正義而革命若夫爲擴張一個人或一階級之權利而革命殊非儒家所許何也儒家固以權利觀念爲一切罪惡之源泉也

孟子言仁政言保民今世學者汲歐美政論之流或疑其獎勵國民依賴根性非知治本吾以爲此豈論也孟子應時主之問自當因其地位而責之以善所謂『與父言慈與子言孝』不主張仁政將主張虐政耶不主張保民將主張殘民耶且無政府則已有政府則其政府無論以何種形式組織未有不宜以仁政保民爲職志者也然則孟子之言何流弊之有孟子言政其所予政府權限並不大消極的保護人民生計之安全積極

先秦

政治思想史

的導引人民道德之向上曷嘗於民政有所障耶。

第七章　儒家思想（其五）（荀子）

荀子與孟子同爲儒家大師其政治論之歸宿點全同而出發點則小異孟子信性善故注重精神上之擴充荀

子信性惡故注重物質上之調劑荀子論社會起原最爲精審其言曰

『水火有氣而無生草木有生而無知禽獸有知而無義人有生有氣有知亦且有義故最爲天下貴也力不

若牛走不若馬而牛馬爲用何也曰人能羣彼不能羣也人何以能羣曰分分何以能行曰義故義以分則和

和則一一則多力多力則強強則勝物』王制

此言人之所以貴於萬物者以其能組織社會社會成立則和而一故能強有力以制服自然社會何以能成立

在有分際分際何以如此其重要荀子曰

『萬物同宇而異體無宜而有用爲人物王念孫曰爲讀曰于古同聲通用言萬數也人倫並處同求而異道同

欲而異知生也王念孫曰生讀爲性皆有可也知愚同所可異也知愚分勢同而知異行私而無禍縱欲而不窮則民心

奮而不可說也……天下害生縱欲惡同物欲多而物寡寡則必爭矣……離居不相待則窮羣而無分則

爭窮者患也爭者禍也救患除禍莫若明分使羣矣』國

又曰

『禮起於何也曰人生而有欲欲而不得則不能無求求而無度量分界則不能不爭爭則亂亂則窮先王惡

其亂也故制禮義以分之以養人之欲給人之求使欲必不窮乎物物必不屈於欲兩者相持而長是禮之所起也」論禮

又曰

「分均則不偏（案偏當作徧讀爲遍）勢齊則不壹衆齊則不使……夫兩貴之不能相事兩賤之不能相使是天數也勢位齊而欲惡同物不能澹（楊注云澹讀爲贍）則必爭爭則必亂亂則窮矣先王惡其亂也故制禮義以分之使有貧富貴賤之等足以相兼臨者是養天下之本也書曰「維齊非齊」此之謂也」（王制）

此數章之文極重要蓋荀子政論全部之出發點今分數層研究之第一層從純物質方面說人類不能離物質而生活而物質不能為無限量的增加故常不足以充慼人類之欲望（欲多物寡物不能贍）第二層從人性方面說孟子言「辭讓之心人皆有之」荀子正與相反謂爭奪之心人皆有之（縱欲而不窮不能不爭）第三層從社會組織動機說既不能不為社會的生活（離居不相待則窮然生活自由的相接觸爭端必起（羣而無分則爭）第四層從社會組織理法說惟有使各人在某種限度內為相當的享用庶物質分配不至竭蹶（以度量分界養人之欲給人之求）第五層從社會組織實際說承認社會不平等（有貧富貴賤之等維齊非齊）謂只能於不平等中求秩序

生活不能離開物質理甚易明孔子說『富之教之』孟子說『恆產恆心』未嘗不見及此點苟子從人性不能無欲說由欲有求因此不能不有度量分界以濟其窮剖析極為精審而頗與唯物史觀派之論調相近蓋彼生戰國末受法家者流影響不少也苟子不承認「欲望」是人類惡德但以爲要有一種「度量分界」方不至以我個人過度的欲望侵害別人分內的欲望此種度量分界名之曰禮儒家之禮治主義得苟

子然後大成亦至荀子而漸滋流弊今更當一評騭之坊記云

『禮者因人之情而爲之節文以爲民坊者也

「人之情」固不可拂然漫無節制流弊滋甚斯故子游曰

『有直情而徑行者夷狄之道也禮道則不然人喜則斯陶陶斯咏咏斯猶（鄭注猶當爲搖搖辟之誤也）猶斯舞舞斯愠愠斯戚戚斯歎歎斯辟（鄭注辟拊心也）辟斯踊矣品節斯斯之謂禮』（檀弓）

禮者因人之情欲而加以品節使不至一縱而無極實爲陶養人格之一妙用故孔子曰『禮之用和爲貴』又

曰『恭而無禮則勞愼而無禮則葸勇而無禮則亂直而無禮則絞』通觀論語所言禮大率皆從精神修養方

面立言未嘗以之爲量度物質工具荀子有感於人類物質欲望之不能無限制也於是應用孔門所謂禮者以

立其度量分界（此蓋孔門弟子早有一派非創自荀子特荀子集其大成耳）其下禮之定義曰

『禮者斷長續短損有餘益不足達愛敬之文而滋成行義之美者也』（論禮）

斷長續短損有餘益不足云者明明從物質方面說故曰

『人之情食欲有芻豢衣欲有文繡行欲有與馬又欲夫餘財蓄積之富也然而窮年累世不知不足（當爲不足　楊注云）

是人之情也今人之生也方知蓄雞狗豬彘又畜牛羊然而食不敢有酒肉餘刀布有囷窌然而衣不敢有

絲帛約者有筐篋之藏然而行不敢有輿馬是何也非不欲也幾不（長慮顧後而恐無以繼之　王念孫謂此二字涉下文而衍）

故也……今夫偷生淺知之屬曾此而不知也糧食大侈不顧其後俄則屈安窮矣（楊注云安語助也猶言屈　案荀子書中安字或）然窮

語助辭用（案字多作）是其所以不免於凍餓操瓢囊爲溝壑中瘠者也況（案況當訓譬）夫先王之道仁義之統詩書禮樂之分

乎彼固天下之大慮也將爲天下生民之屬長慮顧後而保萬世也……」榮辱

荀子以爲人類總不容縱物質上無窮之欲個人有然社會亦有然政治家之責任在將全社會物質之量通盤籌算使人人不至以目前「太侈」之享用招將來之「屈窮」所謂「欲必不窮乎物物必不屈於欲」也其專從分配問題言生計正與孟子同而所論比孟子尤切實而縝密然則其分配之法如何荀子曰

「夫貴爲天子富有天下是人情之所同欲也然則從人之欲則埶不能容物不能贍也故先王案爲之制禮義以分之使有貴賤之等長幼之差知愚能不能之分皆使人載其事而各得其宜然後使愨（俞樾曰愨當作）祿多少厚薄之稱……故或祿天下而不自以爲多或監門御旅抱關擊柝而不自以爲寡故曰斬（劉台拱曰斬頓讀如儳說文儳儳互不齊也）而齊枉而順不同而一」榮辱

荀子所謂度量分界（一）貴賤（二）貧富（王制篇所說）（三）長幼（四）知愚（五）能不能以爲人類分境遇年齡材質上萬有不齊各應於其不齊者以爲物質上享用之差等是謂「各得其宜」是謂義將此義演爲公認共循之制度是謂禮荀子以爲持此禮義以治天下則

「以治情則利以爲名則榮以羣則和以獨則足」榮辱

是故孔子言禮專主「節」（論語所謂不以禮節之亦不可行）荀子言禮專主「分」荀子以爲只須將禮制定敎人「各安本分」則在社會上相處不至起爭奪（以羣則和）爲個人計亦可以知足少惱（以獨則足）彼承認人類天然不平等而謂各還其不平等之分際斯爲眞平等故曰『維齊非齊』然則荀子此說之價值何如曰長幼知愚能不能之差別吾儕絕對承認之至於貴賤貧富之差別非先天所宜有其理甚明此差別從何而來惜荀子

未有以告吾儕推荀子之意自然謂以知愚能不能作貴賤貧富之標準此說吾儕固認爲合理然此合理之標

準何以能實現惜荀子未能予吾儕以滿意之保障也以吾觀之孔子固亦主張差等然其所謂差等者與後儒

異孔子注重「親親之殺」卽同情心隨其環距之遠近而有濃淡強弱此爲不可爭之事實故孔子因而利導

之若夫身分上之差等此爲封建制度下相沿之舊孔子雖未嘗竭力排斥然固非以之爲重孔門中子夏一派

始專從此方面言差等而荀子更揚其波禮論篇中歷陳天子應如何諸侯應如何大夫應如何士應如何庶人

應如何戴記中禮器郊特牲玉藻……等篇皆同此論調斷斷於貴賤之禮數其書出荀子前抑出其後雖未能

其斷要之皆荀子一派之所謂禮與孔子蓋有間矣

荀子生戰國末時法家已成立思想之互爲影響者不少故荀子所謂法者其性質實極相

逼近荀子曰

『禮豈不至矣哉立隆以爲極而天下莫之能損益也……故繩墨誠陳矣則不可欺以曲直衡誠縣矣則

不可欺以輕重規矩誠設矣則不可欺以方圓諸子審於禮則不可欺以詐僞故繩者直之至衡者平之至規

矩者方圓之至禮者人道之極也』論禮

法家之言曰『有權衡者不可欺以輕重有尺寸者不可差以長短有法度者不可誣以詐僞』引慎子 馬總意林兩文

語意若合符節不過其功用一歸諸禮一歸諸法而已究竟兩說誰是耶吾儕取法家何也如荀子說純以計較

效率爲出發點旣計效率則用禮之效率不如用法吾敢昌言也法度嚴明詐僞不售吾能信之謂「審禮則不

可欺以詐」則禮之名義爲人所盜用飾貌而無實者吾儕可以觸目而舉證矣故荀子之言不徹底之言也愼

子又曰『一兔走百人追之積兔於市過而不欲兔分定不可爭也』荀子之以分言禮其立脚點正與此同質言之則將權力之爭奪變爲權利之認定而已認定權利以立度量分界爲法治根本精神揆諸孔子所謂『道之以德齊之以禮』者恐未必然也

復次禮爲合理的習慣前既言之矣欲使習慣常爲合理的非保持其彈力性則不容有固定之條文蓋必使社會能外之順應環境內之潛發時代心理而隨時產出「活的良習慣」夫然後能合理其機括在箇性與箇性相摩而常有偉大人物出其人格以爲羣衆表率羣衆相與風而習焉而反是則『衆以爲殃』斯則所謂禮矣易傳曰『通其變使民不倦神而化之使民宜之』「惟「不倦」故「宜」此禮之所以可尊也苟派之言禮也不然其說在『立隆以爲極而天下莫之能損益』吾聞之孔子矣『殷因於夏禮所損益可知也周因於殷禮所損益可知也』未聞以莫能損益爲禮之屬性也苟派所以以此言禮者（論語）

> 孔子常言君子.君子即指有偉大人格可以爲羣衆表率者如『君子篤於親則民興於仁』『君子之德風小人之德草』等.皆當如是解.

蓋由當時法家者流主張立固定之成文法以齊壹其民其說壁壘甚堅治儒術者不得不提出一物焉與之對抗於是以己宗風所崇尚之禮充之於是所謂『禮儀三百威儀三千』者遂成爲小儒占畢墨守之寶典相與致謹於繁文縟節兩戴記所討論之禮文什九皆此類也他宗非之曰『累壽不能盡其學當年不能究其禮』（非墨子儒篇）豈不以是耶吾儕所以不滿於法治主義者以其建設政治於「機械的人生觀」之上也如荀派之所言禮則其機械性與法家之法何擇以大清通禮比大清律例大清會典吾未見通禮之彈力性能強於彼兩書

也等是機械也法特國家制裁其機械力能貫徹禮特社會制裁其機械力不貫徹故以荀派之禮與法家之法

對抗吾見其進退失據而已要而論之無論若何高度之文化一成爲結晶體久之必殭腐而蘊毒儒家所以不

免有流弊爲後世詬病者則由荀派以「活的禮」變爲「死的禮」使然也雖然凡荀子之言禮仍壹歸於化

民成俗與孔子提高人格之旨不戾此其所以爲儒也

儒家言禮與樂相輔二者皆陶養人格之主要工具焉荀子言樂精論最

多善推本於人情而通之於治道其言曰

『夫樂者樂也人情之所必不免也故人不能無樂則必發於聲音

形於動靜……形而不爲道則不能無亂先王惡其亂也故制雅頌之

聲以道之使其聲足以樂而不流使其文足以辨而不諰使其曲直繁省廉肉節奏足以感動人之善心使夫

邪汙之氣無由得接焉……

凡姦聲感人而逆氣應之逆氣成象而亂生焉正聲感人而順氣應之順氣成象而治生焉……故樂行而志

清……耳目聰明血氣和平移風易俗天下皆寧美善相樂故曰樂者樂也君子樂得其道小人樂得其欲……

……故樂者所以道樂也……樂行而民鄉方矣』論樂

此言音樂與政治之關係可謂博深切明『美善相樂』一語實爲儒家

心目中最高的社會人格社會能如是則天下之平其眞猶運諸掌也故

儒家恆以敎育與政治併爲一談蓋以爲非敎育則政治無從建立旣敎

荀子樂論篇與小戴記中之樂
記文義相同者甚多疑樂記本
諸荀子也。

孔子謂韶盡美矣又盡善也謂
武盡美矣未盡善也美善合一
是孔子理想的人格。

育則政治自行所無事也。

第八章　道家思想（其一）

道家哲學有與儒家根本不同之處儒家以人為中心道家以自然界為中心儒家以

人類心力為萬能以道為人類不斷努力所創造故曰『人能弘道非道弘人』道家以

道為先天的存在且一成不變故曰

『人法地地法天天法道道法自然』老子

道何自來耶彼彼宗以為

『有物混成先天地生寂兮寥兮獨立不改周行而不殆可以為天下母吾不知其名字之曰道』老子

道不惟在未有人類以前而且在未有天地以前早已自然而然的混成其性質乃離吾儕而獨立且不可改因

此之故彼宗以為以人類比諸道所從出之「自然」則人實極幺麼且脆弱故曰

『吾在天地之間猶小石小木之在大山也』莊子秋水篇

此天地間幺麼脆弱之人類只能順著自然界──最多不過補助一二而不能有所創造故老子曰

『以輔萬物之自然而莫敢為』

韓非子引喻以釋之曰

『宋人有為其君以象為楮葉者三年而成豐殺莖柯毫芒繁澤亂諸楮葉之中而不可別也此人遂以功食

祿於宋邦列子聞之曰「使天地三年而成一葉則物之有葉者寡矣」故不乘天地之資而載一人之身不隨道理之數而學一人之智此皆一葉之行也故冬耕之稼后稷不能羡也豐年大禾臧獲不能惡也以一人力后稷不足隨自然則臧獲有餘故曰「恃萬物之自然而不敢爲」也（老喻）

此論正否認人類之創造能力以爲吾人所詫爲創造者乃在自然界之關係及人與人之關係雖然彼宗不承認此旨蓋不能對於自然界有所創造其所創造者其在自然界中實眇小不足齒數以吾觀之人類誠儒家以宇宙爲「未濟」的刻刻正在進行途中故加以人工正所以「弘道」道家以宇宙爲已「混成」的再加人工便是毀壞他故老子曰

「爲者敗之執者失之」

莊子設喻曰

「南海之帝爲儵北海之帝爲忽中央之帝爲渾沌儵與忽時相與遇於渾沌之地渾沌待之甚善儵與忽謀報渾沌之德曰人皆有七竅以視聽食息此獨无有嘗試鑿之日鑿一竅七月而渾沌死」（應帝王）

彼宗認「自然」爲絕對的美絕對的善故其持論正如歐洲十九世紀末盧梭一派所絕叫的「復歸於自然」其哲學上根本觀念既如此故其論人生也謂『含德之厚比於赤子……骨弱筋柔而握固……精之至也』終日號而不嗄和之至也』（老子）比言箇人之「復歸於自然」的狀態也其論政治也謂

『民莫之令而自正』（老子）

此與儒家所言『子率以正孰敢不正』正相針對又謂

「我無爲而民自化我好靜而民自正我無事而民自富我無欲而民自樸」老子

此與儒家所言『上好禮則民莫敢不敬……』『君子篤於親則民興於仁……』等語其承認心理感召之

效雖同然彼爲有目的的選擇此爲無成心的放任兩者精神乃大殊致道家以爲必在絕對放任之下社會乃

能復歸於自然故其對於政治極力的排斥干涉主義其言曰

『馬蹄可以踐霜雪毛可以禦風寒齕草飲水翹足而陸陸跳也司馬彪云 此馬之真性也雖有義臺路寢無所用之

及至伯樂曰「我善治馬」燒之剔之刻之雒之連之以羈馽編之以皁棧馬之死者十二三矣飢之渴之馳

之驟之整之齊之前有橛飾之患而後有鞭筴之威而馬之死者已過半矣陶者曰「我善治埴圓者中規方

者中矩」匠人曰「我善治木曲者中鉤直者應繩」夫埴木之性豈欲中規矩鉤繩哉然且世世稱之曰「

伯樂善治馬而陶匠善治埴木」此亦治天下者之過也」莊子馬蹄篇

『齕草飲水翹足而陸』此爲馬之自然狀態伯樂治馬則爲反於自然陶匠之於埴木也亦然道家以人類與

馬及埴木同視以爲只要無他力以撓之則其原始的自然狀態便能永遠保存其理想的人類自然社會如下

『小國寡民使有什伯之器而不用使民重死而不遠徙雖有舟輿無所乘之雖有甲兵無所陳之使人復結

繩而用之甘其食美其服安其居樂其俗鄰國相望雞犬之聲相聞民至老死不相往來』老子

然則現社會何故不能如此耶道家以爲

『罪莫大於可欲禍莫大於不知足咎莫大於欲得』老子

救之之法惟有

『見素抱樸少私寡欲』 老子

惟有

『常使民無知無欲』 老子

然則人性究以「不知足」「欲得」為自然耶抑以「知足」「不欲得」為自然耶換言之人類自然狀態則無知無欲耶抑本來無知少私寡欲耶道家之指乃大反於常識之所云彼蓋以未鑿竅之渾沌為人類自然狀態則無知無私無欲其本來矣然則本來無知無欲之人何故忽然有知有私欲且多私欲耶彼

宗分兩層答此問題第一層謂由自然界之物質的刺戟所謂

『五色令人目盲五音令人耳聾五味令人口爽』 老子

曷由使之復歸於自然耶曰

『不見可欲使民心不亂』 老子

第二層謂由人事界之政治的或社會的誘惑及干涉所謂

『天下多忌諱而民彌貧民多利器國家滋昏人多伎巧奇物滋起法令滋彰盜賊多有』 老子

曷由使之復歸於自然耶曰

『絕聖棄知大盜乃止擿玉毀珠小盜不起焚符破璽民乃樸鄙掊斗折衡而民不爭』 莊子胠篋篇

質言之吾儕所謂文明或文化者道家一切悉認為罪惡之源泉故文字罪惡也智識罪惡也藝術罪惡也禮俗

罪惡也法律罪惡也政府罪惡也乃至道德條件皆罪惡也然則彼宗對於政治究作何觀念耶彼之言曰

『常有司殺者殺夫代司殺者殺是謂代大匠斲夫代大匠斲者希有不傷其手者矣』老子

彼宗蓋深信「自然法」萬能儒家亦尊自然法但儒家言『天工人其代之』謂自然法必藉「人」而後能

體現也而彼宗則以自然爲不容人代也故又曰

『聞在宥天下也在之也者恐天下之淫其性也宥之也者恐天下之遷其德也天下不淫其性

不遷其德有治天下者哉』莊子在宥篇

「在宥」云者使民絕對自由之謂也曷爲能使民絕對自由釋以俗語則曰「別要管他」文言之則曰「無

爲」故曰

『滌除玄覽能無疵乎愛民治國能無知乎天門開闔能無雌乎明白四達能無爲乎』老子

彼宗於是分治術爲數等曰

『上德同尙老案字當爲「不」字之譌「以上仁爲之而無以爲上義爲之而有以爲上禮爲之而

莫之應則攘臂而扔之故失道而後德失德而後仁失仁而後義失義而後禮』老子

其意謂上德者以無爲爲也上仁者爲而無所爲而爲上義者有所爲而爲上禮者爲其所不能爲也彼又將人

民對於此四種治術所起之反應列爲等曰

『太上下不知有之其次親而譽之其次畏之其次侮之』老子

所云太上蓋指尙德者其次其次……則尙仁尙義尙禮者而尙德之治結果則

『功成事遂百姓皆謂我自然』老子

此即政治上之復歸於自然也百姓各自謂此我之自然而然而不知有其上此爲道家之理想的政治質言之

即「無治主義」也道家以彼宗之哲學爲出發點以至政治上得此種結論今請評其得失

道家之大惑在以人與物同視『齕草飲水翹足而陸』誠爲馬之自然的狀態世苟無治焉之伯樂非馬伯樂乃立乎

長保此狀態而即常得其所此吾儕所絕對承認也顧所當注意者馬中無伯樂而伯樂非馬伯樂乃能

馬的全體」之外而傷害焉的「自然之樸」人類何如耶處此自然狀態中（指道家所謂自然狀態言耳）者固「

人」厭此自然狀態壞此自然狀態者亦「人」也且人究以何者爲其自然狀態耶彼宗之說以『埴木之性

不欲中規矩鈎繩』喻「人之性不欲中……」然埴與木固確然無知無欲也中規矩鈎繩乃「陶者匠者」者固

之欲人類何如耶人性確欲「中……」「中……」而非有立乎其外如「陶者匠者」者強之使「中」他

勿具論即彼老子莊子豈非自欲「中」其「無欲無爲之規矩鈎繩者哉誰歟

爲陶匠以矯揉老莊之自然而使之「中」此者故知「不欲中規矩鈎繩」者爲埴木之性之自然（？）欲

如何欲如何者正乃人性之自然也而彼宗必欲反此自然則虐馬之伯樂矯揉埴木之陶匠非他宗

而彼宗也質言之則戕賊自然者莫彼宗若也彼宗謂有欲爲非自然的然「欲」之從何來則第一層指爲受

自然界之刺戟如所謂『五色令人目盲……』云云者夫自然界之有五色聲味自然界之自然狀態也人類

之有耳目舌又人類之自然狀態也今謂色聲味戕賊耳目舌豈非自然耶欲使彼自然勿戕賊此自

然其術乃在『不見可欲使民心不亂』殊不知能見可欲者乃目之自然能見而使之不見孰自然孰不自然

耶荀子曰

一　今使人生而未嘗睹芻豢稻粱也惟菽藿糟糠之為睹則以至足為在此也俄而粲然有秉芻豢稻粱而至

者則睥然視之曰「此何怪也」彼臭之而無嗛於鼻嘗之而甘於口食之而安於體則莫不棄彼而取此矣.

」榮辱篇

此即見可欲而心亂之說也.夫此正乃人類自然狀態之所不能避者也.而「明自然」之彼宗乃欲杜滅之何

也.彼宗論「欲」之第二來源歸諸人為的誘惑謂假使無「芻豢稻粱」則終無以奪「糠菽藿」斯或然

也.殊不思「芻豢稻粱」非由天降非由地出非彼自出人實好之質言之凡「人為」云者皆「人」所為也.

人能有所為且不能不有所為即人之自然狀態也彼言『絕聖棄智民利百倍』『法令滋彰盜賊多有』夫

人之能為聖智法令也猶其能為芻豢稻粱也皆其自然彼言『剖斗折衡而民不爭』夫人能爭人能為斗衡

以求免爭人又能爭於斗衡之中皆其自然而「明自然」之彼宗乃欲杜滅之何也

要而論之彼宗不體驗人生以求自然乃以物理界或生物界之自然例人生之自然於是欲以人所能弘之道

弘人結果處處矛盾而言之不復能成理此真莊子所謂『其所謂道者非道而所言之韙不免於非』天下篇也.

孟子曰『生於其心害於其政發於其政害於其事』道家既否定人類有創造性能且認人為的文化皆為罪

惡然而事實上人類終不能以彼宗所謂「無為」者為常態也則如之何曰吾姑為消極受動的「為」不為

積極自動的「為」其秘訣在

『不敢為天下先』老子

「以天下之至柔馳騁乎天下之至剛」老子

莊子嘗總述老子學說之要點曰

「知其雄守其雌爲天下谿知其白守其黑爲天下谷人皆取先己獨取後曰受天下之垢人皆取實己獨取

虛無藏也故有餘歸然而有餘其行身也徐而不費无爲也而笑巧人皆求福己獨曲全曰苟免於咎……曰

堅則毀矣銳則挫矣……」天下篇

莊子書中言此意者亦最多如

『今之大冶鑄金金踊躍曰「我且必爲鏌鋣」大冶必以爲不祥之金……』大宗師篇

如

『……是不材之木也無所可用故能若是之壽』人間世篇

此等論調其病仍在混人物爲一談吾儕爲金耶爲木耶誠宜如此雖然吾儕人也使人性果能爲莊子所謂

祥金」與「不材之木」亦曷嘗非善事然而不能──以反於自然狀態故不能不能而以此導之結果徒敎

取巧者以藏身之固耳『子路問政子曰先之……』此與彼

宗『不敢爲天下先』之義最相反者也易傳言『君子以自

強不息』中庸言『不變塞焉強哉矯』孟子言『浩然之氣

至大至剛』此與彼宗『柔弱勝剛强』之義最相反者也欲

以人弘道耶非有爲之先者不可非剛强不可而道家以爲是

不爲天下先與儒家所謂禮讓若相近而
實大異禮讓由同情心發出其性質屬於
社會的不爲先之目的在以不材保天年
其性質純爲箇人的

本論

不「毀」則「挫」而惟當『不爲先』以『曲全』而『苟免於咎』吾儕誠不解『曲全免咎』在人生中

有何意義有何價值而宇宙間從何處有不毀不挫之事物又豈直堅與銳而已故彼宗之說徒獎厲厲人之怯

儒巧滑的劣根性而於道無當也嗚呼此種學說實形成我國民性之主要部分其影響於過去及將來之政治

者非細也。

然則道家思想竟無價值耶是又不然其一彼宗將人類缺點無容赦的盡情揭破使人得反省以別求新生命。

彼宗之言曰

『大道廢有仁義慧智出有大僞六親不和有孝慈國家昏亂有忠臣』老子

又曰

『爲之斗斛以量之則並與斗斛而竊之爲之權衡以稱之則並與權衡而竊之......爲之仁義以矯之則並

與仁義而竊之......彼竊鈎者誅竊國者爲諸侯諸侯之門而仁義存焉是非竊仁義聖知耶』莊子胠篋篇

彼宗固極力詛咒文明者也然文明之本質孰敢謂其中不含有宜詛咒者存古今來人類所謂文明大部分皆

爲擁護強者利益之工具此其宜詛咒者一也即不爾而文明成爲結晶

體之後流弊必滋故曰『水積則生相食之魚土積則生自穴之獸禮義

飾則生僞匿之本』淮南子齊俗訓凡爛熟之文明必流爲形式的以相率於僞此

其宜詛咒者二也道家對於此等毒害之文明揭破其假面目高叫赤裸裸的『自然』一語以逼之使如湯沃

雪實刷新人心之一良劑也夫自然主義之爲物能使人懷疑煩悶乃至洶懼而失其所守或益招社會之混亂

羅素最心醉道家言·蓋彼正詛
咒現代文明之一人也。

先秦政治思想史

一〇七

政治思想史

此徵諸近代之歐洲而最易見者也雖然此如藥經瞑眩乃可以瘳疾故刷新人心以求第二期之創造必以此

為驅除難焉此即道家學說之價值也

其二道家最大特色在撇卻卑下的物質文化去追尋高尚的精神文化在教人離開外生活以完成其內生活

此種見解當時最流行之儒墨兩家皆不如此說而實爲道家所獨有精神文化與內生活究是何物道家所言

是否得其真此屬別問題但此爲人生最高目的吾人決當向此路進行此吾所絕對承認毫不遲疑者也離卻

外生活有內生活在常識上幾無從索解吾儕亦深信此種生活不能適用於一般人——不能作爲社會教育

或政治的一種標幟但吾儕不謂此事爲不可能蓋人類之自由意志吾儕雖不敢指爲萬能然確信其力之偉

大實不可思議自己欲作何種生活最少可以憑自己意力作一大半主故將物質生活減殺至最低限度而將

精神生活發育到最高限度人類實有此可能性道家觀察人生之出發點謂

『其耆欲深者其天機淺』莊子大宗師篇

救治之法在

『去甚去奢去泰』老子

『爲道日損損之又損以至於無爲無爲而無不爲』老子

其理想的人生則

『生而不有爲而不恃長而不宰』老子

謂信能如此則

「既以爲人己愈有既以與人己愈多.」（老子）

此種生活不以生活爲達任何目的之手段生活便是目的.換言之則爲生活而生活——爲學問而學問爲勞作而勞作再換言之則一切皆「無所爲而爲」再換言之則將生活成爲藝術化夫生活成爲藝術化則眞所謂「既以爲人己愈有既以與人己愈多」矣.此種生活雖非盡人而能然智慧愈多者其可能性愈大則甚章也天下之大患在有智慧之人就溺於私欲日出其智慧以擴張其谿壑無厭的物質生活於是所產生劣等文化愈豐而毒害社會亦愈甚道家欲救此病故以「見素抱樸少私寡欲」爲致其哲學基礎在此其政治思想基礎亦在此此果爲復歸於自然耶吾不敢承吾以爲老子莊子所活動之遺跡與其主義矛盾彼輩實努力爲「反自然的創造」而所創造者則人類極有價値的作品也.

第九章　道家思想（其二）

老子輩所倡此種自然主義其本質固含有「箇人的」「非社會的」「非人治的」傾向故其末流乃生四派.

一　順世的简人主義.　代表者　楊朱.

二　遁世的箇人主義.　代表者　陳仲.

三　無政府主義.　代表者　許行.

四　物治主義.　代表者　愼到.

第一、楊朱與墨翟齊名其言盈天下孟子莊子書中屢稱之而著述言論無傳焉其學說有一最鮮明之旗幟。

曰「為我」即孟子所稱

「楊子取為我拔一毛而利天下不為也」

此外則東晉晚出之僞列子八篇其第七篇題曰「楊朱」述朱說頗詳吾儕雖不敢具信為真但其中一部分

容或出自古籍而為作偽者所采入今姑據之以觀此一派的面目如僞列子之說則楊朱哲學根本觀念在感

人生之無常而務當時之適意其言曰

「太古之人知生之暫來死之暫往故從心而動不違自然……從性而遊不逆萬物……

「肆之而已勿壅勿閼……恣耳之所欲聽恣目之所欲視恣鼻之所欲向恣口之所欲言恣體之所欲安恣

意之所欲行」

然則所謂從心而動者何如彼以為

此其為道若與老子『去奢去泰少私寡欲』之旨相反但以言自然主義耶必如楊朱乃真為赤裸裸的徹底

的自然若老莊乃正吾所謂「反自然」者也然則此派對於政治之為物作何感想耶論理此種極端的個人

主義其性質是純然「非政治的」雖然吾國哲學家從未有肯拋棄政治問題不談者楊朱篇有託為子產之

兄弟與子產談治道之一段曰

『夫善治外者物未必治而身交苦善治內者物未必亂而性交逸以若之治外其法可暫行於一國未合於

人心以我之治內可推之於天下君臣之道息矣』

其意不外排斥干涉主義以爲只要人人絕對的自由天下自然太平故曰

『損一毫利天下不與也悉天下奉一身不取也人人不損一毫人人不利天下天下治矣』

此說從何處得哲學上根據耶彼之言曰

『智之所貴存我爲貴力之所賤侵物爲賤然身非我有也既生不得不全生身不可有其身雖不去物不可有其物有其身是橫私天下之身橫私天下之【案此衍字據下文去之】......公天下之身公天下之物其唯至人矣』

其意以爲人類乃自然界之一物以自然界其他之物養此物以終其天年實際上並無所謂自私焉此派論調

純屬所謂「頹廢思想」誠無深辨之價值然極端的自然主義結果必產此種思想且在彼必能言之有故持

之成理故克與儒墨三分天下也

第二 陳仲子亦稱田仲孟子同時人荀子以之與史鰌並稱列於「十二子」之一蓋亦當時一有力之學者，

據孟子所說

『仲子齊之世家也兄戴蓋祿萬鍾以兄之祿爲不義之祿而不食也以兄之室爲不義之室而不居也避兄

離母處於於陵』

『居於陵三日不食耳無聞目無見也井上有李螬食實者過半矣匍匐往將食之三咽然後耳有聞目有

見』

『仲子所居之室所食之粟彼身織屨妻辟纑以易之』滕文公下

陳仲之學固不必純出道家然與齊王同姓當時一烜赫之貴族而其生活如此必有極深刻之人生觀存焉彼蓋將物質生活尅減至最低限度以求有所養也其生活方式與楊朱一派正相反然其為極端的箇人主義則一也故荀子非之曰

『忍情性綦谿利跂苟以分異人為高不足以合大衆明大分』非十

言其為非社會的生活不足以合羣也韓非子亦言『田仲不恃仰人而食』可知彼蓋以『各人只許享用自己勞作之結果』為教就他宗觀之正所謂『離居不相待則窮』矣故趙威后問齊使亦云

『於陵仲子尚存乎是其為人也上不臣於王下不治其家中不索交諸侯此率民而出於無用者何為至今不殺耶』趙策 戰國策

可見此派學說在當時頗有勢力故能動異國之君之問而亦以非社會的生活故以『無用』為時流所惡也。

第三。當時有明目張膽主張無政府主義者其代表人物曰許行許行與孟子同時其學說略見孟子書中

『有為神農之言者許行自楚至滕踵門而告文公曰『遠方之人聞君行仁政願受一廛而為氓』文公與之處其徒數十人皆衣褐捆屨織席以為食陳良之徒陳相……見許行而大悅盡棄其學而學焉陳相見孟子道許行之言曰『滕君則誠賢君也雖然未聞道也賢者與民並耕而食饔飧而治今也滕有倉廩府庫則是厲民而以自養也惡得賢』』滕文 公下

漢書藝文志將此派列於九流之一號為「農家」且許之曰

『以爲無所事聖王欲使君臣並耕誖上下之序』

此派蓋兼受道墨兩家之影響其主張箇人刻苦似墨家然墨家認強有力之政府爲必要此派不然其所理想

之社會正如老子所稱『小國寡民……』云云也其宗旨在絕對的平等人人自食其力——各以享用自己

勞作之結果爲限無上下貴賤之分老子曰『民之饑以其上食稅之多是以饑』許子宗此義故以有倉廩府

庫爲厲民自養結論要歸諸無政府

許子不惟要人平等也並物亦要平等其言曰

『從許子之道則市賈不二國中無僞雖使五尺之童適市莫之或欺布帛長短同則價相若麻縷絲絮輕重

同則價相若五穀多寡同則價相若屨大小同則價相若』

此其說甚奇特彼蓋專計量而不計質布與帛本不同價也彼但問長短同不同而不問其爲布爲帛稻粱與芋

菽本不同價也彼但問多寡同不同而不問其爲稻若此者吾得名之曰「齊物主義」其理論出發於老

子所謂『不貴難得之貨使人不爲盜』欲以物觀的準則改變人類貴賤之心理彼以爲物之價值

有貴賤非物自性由人命之耳能滅人類所謂貴賤之觀念則物固夷然平等也孟子斥之曰『夫物之不齊物

之情也或相倍蓗或相什伯或相千萬子比而同之是亂天下也』孟子所駁固合於常識然離卻人類之主觀

而云『物之不齊爲物之情』其能否遂使許行折服又爲別問題矣

第四 史記以老莊申韓同傳後人往往疑其不倫其實不然韓非子世共認爲法家之集大成者也而其書有

解老喻老等篇淮南子道家言之淵府也而書中主張法治者最多蓋道法二家末流合一事實昭然也夫以尊

自由宗盧無之道家與主干涉綜覈名實之法家其精神若絕不相容何故能結合以冶諸一爐耶此研究古代學術最重要且最有趣之一問題也以吾觀之兩宗有一共同之立脚點焉曰「機械的人生觀」道家認宇宙爲現成的宇宙之自然法當然亦爲現成的人類則與萬物等夷同受治於此種一定的因果律之下其結果必與法家所謂法治思想相契合而冶爲一有固然也就中有一人焉其學說最可以顯出兩宗轉捩關鍵者曰愼到愼子四十二篇漢書藝文志列諸法家今其書已佚由後人集成五篇此人爲法家開宗之人殆學者所同認也

然而莊子天下篇述其學說槪略則云

『彭蒙田駢愼到⋯⋯齊萬物以爲首⋯⋯知萬物皆有所可有所不可故曰選則不偏敎則不至道則無遺者矣⋯⋯是故愼到棄知去己而緣不得已泠汰^{郭注泠汰}於物以爲道理⋯⋯椎拍輐斷與物宛轉舍是以<small>猶聽放也</small>非苟可以免不師知慮不知前後魏然而已矣推而後行曳而後往若飄風之還若羽之旋若磨石之隧全而無非動靜無過未嘗有罪是何故夫無知之物無建己之患無用知之累動靜不離於理是以終身無譽故曰至於若無知之物而已無用賢聖夫塊不失道豪桀相與笑之曰愼到之道非生人之行而至死人之理適得怪焉』

觀此則愼到哲學根本觀念全出道家甚明老子敎人如嬰兒莊子敎人『支離其形支離其德』如祥金如山木愼子更徹底一番敎人如土塊『非生人之行而至死人之理』其意蓋謂必撤銷所謂人格者以合乎『無知之物』然後乃與自然相肯換言之則不爲人的生活而爲物的生活更進一步則不爲生活的而己彼以爲「建己用知」者特人類主觀的智能其勢必有所窮而且決不能正確故必「棄知去己」尊尙

客觀的「無知之物」然後其用不匱此義云何慎子曰

「措鈞石使禹察之弗能識也懸於權衡則釐髮識矣」

鈞石權衡皆「無知之物」而其效力能比聖智之禹尤強此卽「物治主義」之根本精神也其應用於政治

自然是舍人取法故慎子又曰

「有權衡者不可欺以輕重有尺寸者不可差以長短有法度者不可巧以詐僞」

蓋機械觀的論理勢不能不歸宿到此點也此與儒家「以己度」之仁恕主義正成兩極端而於道家則

一貫明乎此義然後乃知老子所謂『無爲而無不爲』者作何解夫權衡尺寸固常無爲也而常無不爲也如

其「人」也既無爲何以能無不爲既無不爲何以復謂之無爲耶吾以爲道法兩家溝通之脈絡全在此其詳

當於記述法家時更言之

第十章　墨家思想（其一）

墨家唯一之主義曰「兼愛」孟子曰『墨子兼愛摩頂放踵利天下爲之』此語最能道出墨家全部精神兼

愛之理論奈何墨子曰

『聖人以治天下爲事者也不可不察亂之所自起當﹝嘗﹞察亂何自起起不相愛……子自愛不愛父故虧父

而自利弟自愛不愛兄而自利臣自愛不愛君故虧君而自利……雖父之不慈子兄之不慈弟君之

不慈臣……皆起不相愛……盜愛其室不愛其異室故竊異室以利其室賊愛其身不愛人故賊人以利其

身……大夫各愛其家不愛異家故亂異家以利其家諸侯各愛其國不愛異國故攻異國以利其國』上兼愛

『非人者必有以易之若非人而無以易之……其說將必無可焉是故子墨子曰『兼以易別』……吾本

原兼之所生天下之大利者也吾本原別之所生天下之大害者也以兼爲正是以聰耳明目相與視聽乎是以股肱畢強相爲動宰乎而有道肆相敎誨是以老而無妻子者有所持養以終其壽幼弱孤童之無父母者

有所放依以長其身……』下兼愛

此言人類種種罪惡皆起於自私自利能改易其自私自利之心則罪惡自滅改易之道奈何墨子曰

此種論調驟視若與儒家無甚異同其實不然墨子以『別』與『兼』對若儒家正彼所斥爲『別士』者也

兼與別之異奈何儒家專主『以己度』因愛己身推而愛他人因愛己家推而愛他家因愛己國推而愛他國

有『己』則必有『他』以相對待己與他之間總不能不生差別故有所謂『親親之殺尊賢之等』有所謂

『度量分界』墨家以此種差別觀念爲罪惡根原以爲既有己以示『別』於他一到彼我利害衝突時則以

彼供我犧牲行將不恤墨家謂以此言愛其愛爲不徹底彼宗之言愛也曰

『愛人待周愛人然後爲愛不愛人不待周不愛因爲不愛人矣』小取

彼所云愛以平等周徧爲鵠差別主義結果必至有愛有不愛彼宗以爲此即『兼相愛』的反面對於一部分

人類成爲『別相惡』故曰『本原別之所生天下之大害』然則彼所理想之兼相愛的社會如何彼之言曰

『視人之室若其室誰竊視人之身若其身誰賊視人之家若其家誰亂視人之國若其國誰攻』上兼愛

兼愛主義之內容大略如此其陳義不可謂不高然此遂足以駕儒家而上邪吾恐不能彼宗若能將吾身與人

身吾室與人室……相對待之事實根本劃除則彼所持義當然成立但果爾爾者又無待彼之陳義矣事實上既已有其室且有人之室有其身且有人之身而猶是其易易乎或難墨子曰『即善矣雖然豈可用哉』墨子毅然答曰『用而不可雖我亦將非之焉有善而不可用者』兼愛下墨家論善惡向來皆以有用無用為標準以為善的範圍與有用的範圍定相脗合故其答案堅決如此然則墨子究以何種理論論證明此種兼愛社會之決能實現耶彼答案甚奇乃以人類利己心為前提其言曰

『此言愛人者必見愛也而惡人者必見惡也』兼愛下

『吾不識孝子之為親度者亦欲人愛利其親與意欲人之惡賊其親與以說觀之即欲人之愛利其親也然即同吾惡何乃同得此若我先從事乎愛利人之親然後人報我以愛利吾親乎意我先從事乎惡賊人之親然後人報我以愛利吾親也……大雅之所道曰『無言而不讎無德而不報投我以桃報之以李』

此論甚平正與儒家所言「恕」殆無異所為而為的同情心出發（如孟子言見孺子將入於井一段）墨家專從計較利害心出發耳此當於次節別論之今欲質墨子者似彼所言之心理狀態兼耶別耶假令愛利有實際不能兼施之時——例如凶歲二老飢欲死其一吾父也墨子得飯一盂不能「兼」救二老之死以奉其父耶吾意「為親度」之墨子亦必先奉其父矣信如是也則墨子亦「別士」也如其不然而曰吾父與人父等愛耳無所擇則吾以為孟子『兼愛無父』之斷案不為虐矣是故吾儕終以墨氏兼愛之旨為『雖善而不可用』不如儒家『老吾老以及人之老幼吾幼以及人之幼』之說之能切理而愜心也荀子曰『墨子有見於齊無見於畸』天論篇可謂確評蓋墨家僅見人類平等的一面而忘

政治思想史　飲冰室專集之五十

第十一章　墨家思想（其二）

卻其實有差等的一面爲事實上所不能抹殺也雖然可用與否別爲一問題而兼愛爲人類最高理想則吾儕

固樂與承認也

墨子以「非攻」爲敎義之一種其義從兼愛直接演出其時軍國主義漸昌說者或以爲國際道德與箇人道

德不同爲國家利益起見用任何惡辣手段皆無所不可墨子根本反對此說其言曰

『今有一人入人園圃竊其桃李衆聞則非之上爲政者得則罰之此何也以虧人自利也至攘人犬豕鷄

豚其不義又甚入人園圃竊桃李是何故也以虧人愈多其不義茲同滋也甚罪益厚至入人闌廐取人馬牛者

其不仁義又甚攘人犬豕鷄豚此何故也以其虧人愈多苟虧人愈多其不仁茲甚矣罪益厚至殺不辜人也扡

其衣裘取戈劍者其不義又甚入人闌廐取人馬牛此何故也以其虧人愈多苟虧人愈多其不仁茲甚矣罪益

厚當此天下之君子皆知而非之謂之不義今至大爲攻國則弗知非從而譽之謂之義此可謂知義與不義

之別乎殺一人者謂之不義必有一死罪矣若以此說往殺十人十重不義必有十死罪矣殺百人百重不義

必有百死罪矣……今有人於此少見黑曰黑多見黑曰白則以此人不知白黑之辯矣……今小爲非則知

而非之大爲非──攻國則不知非從而譽之此可謂知義與不義之辯乎』非攻上

此論眞足爲近代褊狹的愛國主義當頭一棒其用嚴密論理層層剖釋益足以證明此種「畸形愛國論」爲

非理性的產物也

一二八

墨家更有一特色焉曰「交利主義」儒家（就中孟子尤甚）以義與利爲極端不相容的兩箇概念墨家正相反

認兩者爲一墨經云

『義利也』上經

又云『忠以爲利而強君也』『孝利親也』其意謂道德與實利不能相離利卽善不善的標準若此吾

得名之曰「義利一致觀念」墨子書中恆以愛利並舉如『兼相愛交相利』中下『愛利萬民』『兼而愛之兼愛

從而利之』俱侚中『衆利之所生從愛人利人生』下『愛人者人亦從而愛之利人者人亦從而利之』兼愛

中『天必欲人之相愛相利』法儀若見愛利國者必以告亦猶愛利國者也』何同諸如此類不可枚舉然則彼

所謂利者究作何解耶吾儕不妨以互訓明之曰『利義也』『義利也』兼相愛卽仁交相利卽義義者宜也曷

爲宜於人以其合於人用也墨家以爲凡善未有不可用者故義卽利惟可用故謂之善故利卽義其所謂利者

決非箇人私利之謂墨子常言

『中國家百姓萬民之利』中非命上

『反中民之利』非樂下

可見彼所謂利實指一社會或人類全體之利益而言然則彼曷爲不曰「中義」而曰「中利」耶彼殆以爲

非以利定義之範圍則觀念不能明確儒家無義戰墨家非攻其致一也然宋牼欲以不利說秦楚罷兵孟子以

爲不可宋牼固墨者也墨家以不利故非攻其言曰

『所攻者不利而攻者亦不利是兩不利也』義貴

彼更爲妙喩以明之曰

『大國之攻小國譬猶童子之爲馬童子之爲馬足用而勞今大國之攻小國攻者（即所攻者）農夫不得耕婦人不得織以守爲事攻人者亦農夫不得耕婦人不得織以攻爲事』（耕柱）

以俗語釋之則「彼此不上算」而已彼固屢言「大爲攻國」者之「不義」也何以明其不義彼以不上算之故明其不義大抵凡墨家所謂利皆含有「兩利」的意思故曰「交相利」（即社會人人交相利即社會總體之利也）彼豈爲常以利爲教耶墨子曰

『忠信相連又示之以利是以終身不厭』（節用中）

墨經又云『利所得而喜也害所得而惡也』彼蓋深察夫人情欲惡之微而思以此爲之導質言之則利用人類「有所爲而爲」之本能而與儒道兩家之「無所爲而爲主義」恰相反也

墨家所謂利之觀念自然不限於物質的然不能蔑棄物質以言利抑甚章章矣故墨家之政治論極注重生計問題其論生計也以勞力爲唯一之生產要素其言曰

『人固與禽獸麋鹿蜚鳥貞蟲異者也今之禽獸麋鹿蜚鳥貞蟲因其羽毛以爲衣裘因其蹄蚤以爲絝屨因其水草以爲飲食故唯雖同使雄不耕稼樹藝雌亦不紡績織絍衣食之財固已具矣今人與此異者也賴其力者生不賴其力者不生君子不強聽治即刑政亂賤人不強從事即財用不足……』（非樂上）

墨家以爲人類既非勞作不能生存則人人皆必須以勞作之義務償其生存之權利而且勞作要極其量莊子稱述之曰

「墨子稱道曰昔者禹之湮洪水……通……九州也……禹親自操橐耜……腓無胈脛無毛，沐甚雨櫛疾

風置萬國禹大聖也而形勞天下如此使後世之墨者多以裘褐為衣以跂蹻為服日夜不休以自苦為極曰

不能如此非禹之道也不足謂墨……』（莊子天下篇）

其獎厲勞作之程度至於『日夜不休以自苦為極』真可謂過量的承當矣然而墨家並非如許行之流專重

筋肉勞力而屏其他（現俄國勞農政府之見解即如此）彼承認分業之原則以為當

『各從事其所能』（節用中）　『各因其力所能至而從事焉』（孟公

墨子設喻曰

『譬若築牆然能築者築實壤者實壤能欣者欣（同掀）然後牆成也為義猶是也能談辯者談辯能說書者說

書能從事者從事然後義事成也』（杜耕

故彼常言『竭股肱之力亶（同殫）其思慮之智』此與孟子言『或勞心或勞力』正同不問筋力勞作腦力

勞作要之凡勞作皆神聖也只要能喫苦能為社會服務皆是禹之道皆可謂『墨』惟『貪於飲食惰於從事

』之人則為『罷（同疲）不肖』（非命上）墨家所決不容許也

墨家常計算勞力所生結果之多寡以審勞力之價值而判其宜用不宜用彼有一極要之公例曰

『諸加費不加利於民者聖王弗為』（節用中

『凡費財勞力不加利者不為也』（辭過

此義云何彼舉其例曰

『衣服適身體和肌膚而足矣……錦繡文采靡曼之衣此非云益煖之情也單（盡同彈也）勞力畢歸之於無用也。』過辭

其意以爲衣服之用取煖而已帛視布不加煖故製帛事業卽「加費不加利於民」其勞力爲枉耗也就此點論墨家亦可謂爲「效率主義」或「能率主義」只要能「加利」則勞費非所惜下而機器上而社會組織等但使有用於人生則雖出極重之代價亦所不辭反之若不加利則雖小勞小費亦所反對最不加利者維何則箇人或特別階級所用之奢侈品是也墨家以爲無論何人其物質的享用只以能維持生命爲最高限度（以最低限度爲最高限度）蹠此限者謂之奢侈奢侈者則爲『虧奪民衣食之財』（非樂上）

彼宗所以特標節用節葬非樂非攻諸敎條者其精神皆根本於此然則各人勞力所出除足以維持自己生命外卽可自逸耶墨家於此有最精要之一道德公例焉曰

『有餘力以相勞有餘財以相分』（尙同上）

此二語墨子書中屢見不一見（天志辭過兼愛諸篇皆有）彼所謂『交相利』者其內容蓋如是餘力相勞卽『力惡其不出於身也不必爲己』餘財相分卽『貨惡其棄於地也不必藏諸己』就此點論可謂儒墨一致墨家此種交利主義名義上頗易與英美流（就中邊沁一派）之功利主義相混然有大不同者彼輩以「一箇人」利益爲立脚點更進則爲「各箇人」利益之相加而已（所謂最大多數之最大幸福）墨家全不從一箇人或各箇人著想其所謂利屬於人類總體必各箇人犧牲其私利然後總體之利乃得見墨經云

『任士損己而益所為也』上經

『任為身之所惡以成人之所急』上經說

『害所得而惡也』上見為身之所惡即是對於己身取害不取利故曰『損己』何故損己蓋有其所為〔釋讀去何〕

墨家與儒家最相反之一點曰「非樂」非樂者質言之則反對娛樂而已孔子言『智者樂』言『好之者不

如樂之者』言『樂以忘憂』言『不改其樂』大學言『樂其樂而利其利』孟子言『君子有三樂』言『

尊德樂道』荀子言『美善相樂』諸如此類更僕難數彼宗蓋以為娛樂之在人生有莫大價值故禮樂並重

樂即所以為娛樂戴記中樂記及荀子樂論言之詳矣墨家宗旨『以自苦為極』其非樂論排斥音樂固矣實

則凡快樂之具悉皆「非」之觀非樂篇發端歷舉『鍾鼓琴瑟竽笙之聲刻鏤文章之色芻豢煎炙之味高

臺厚榭邃野之居』可見也然則其「非樂」之理由安在彼之言曰

『古者聖王亦嘗厚措斂乎萬民以為舟車既以成矣曰吾將惡許用之〔惡許猶言何許言何所用之也〕曰舟用之水車〔去〕用之陸君子息其足焉小人休其肩背焉故萬民出財齎而予之不敢以為感恨者何也以其反中民之利

也然則樂器反中民之利亦若此即我弗敢非也』上非樂

此言樂器之為物『加費不加利於民』所以可「非」全篇之意或言聽樂廢時曠事或言奏樂勞民耗其

大旨皆同歸於此一點質言之仍是『上算不上算』之問題而已吾儕於此發見墨家學說一大缺點焉彼似

只見人生之一面而不見其他一面故立義不免矛盾謂彼賤精神尊物質耶是決不然彼固明明為有最高精

神生活之人而且常以此導人者也雖然其以計算效率法語生活之實際也則專以物質為其計算之範圍如

何而「農夫蚤出暮入耕稼樹藝」以供食如何而「婦人夙興夜寐紡績織紝」以給衣，如何而「丈夫<small>非樂上</small>年二十毋敢不處家女子年十五毋敢不事人」以繁生殖。<small>節用上</small>凡有妨害此等事者舉皆「非」之。一若人所以能生活僅恃此者然墨子殆萬不得已姑承認人類之有睡眠耳苟有一線之路可以不承認恐彼行將「非」之何也二十四小時中祗去八小時則全人類勞作之產品已減其三分之一「不上算」莫甚焉彼之「非樂」論其出發點正類此也「勞作能率」之說在現代已為科學的證明故即就上算論謂廢娛樂可以增加勞作亦既言之不能成理老子曰：

「三十輻共一轂當其無有車之用埏埴以為器當其無有器之用鑿戶牖以為室當其無有室之用故有之以為利無之以為用。」

墨子之非樂<small>（反對娛樂）</small>是僅見有之之利而不見無之之用也是猶築室者以室中空虛之地為可惜而必欲更

蔂甀甍以實之也故荀子評之曰：

「墨子蔽於實而不知文」<small>正論篇</small>

蓋極端的實用主義其蔽必至如是也程繁亦難墨子曰：

「昔者諸侯倦於聽治息於鐘鼓之樂……農夫春耕夏耘秋收冬藏息於瓴缶之樂今夫子曰『聖王不為樂」此譬之猶馬駕而不稅弓張而不弛無乃非有血氣者之所能至耶」<small>辯三</small>

莊子亦痛論之曰：

「……雖然歌而非歌哭而非哭樂而非樂是果類乎其生也勤其死也薄其道大觳使人憂使人悲其行難

為也恐其不可以為聖人之道反天下之心天下不堪墨子雖能獨任奈天下何離於天下其去王也遠矣」

天下
篇

…」云云者同何也皆『反天下之心天下不堪』也

莊子此論可謂最公平最透徹蓋欲以此為社會教育上或政治上之軌則其不可行正與道家『小國寡民

抑吾儕所不慊於墨家者猶不止此吾儕以為墨家計算效用之觀念根本已自不了解人生之為何墨家嘗難

儒家曰

『子墨子問於儒者曰『何故為樂』曰『樂以為樂也』子墨子曰『子未我應也今我問曰『何故為室』曰『室以為室也』則子告我為室之故矣今我問曰『何故為樂』曰『樂以為樂也』是猶曰『何故為室』曰『室以為室也』」孟公

尊實利主義者或引此以為墨優於儒之證謂儒家只會說箇『什麼』墨家凡事總要問箇『為什麼』吾疇昔亦頗喜其說細而思之實乃不然人類生活事項中固有一小部分可以回答箇『為什麼』者卻有一大部分回答不出箇『為什麼』者『什麼都不為』正人生妙味之所存也為娛樂而娛樂為勞作而勞作為學問而學問為慈善而慈善……凡此皆『樂以為樂』之說也大抵物質生活──如為得飽而食為得煖而衣皆可以回答箇『為什麼』若精神生活則全部皆『不為什麼』者也試還用墨子之例以詰之曰『何故為生活」墨家如用彼『所以為室』一類之答案吾敢斷其無一而可最善之答案則亦曰『生以為生』而已矣墨家惟無見於此此其所以『不足為聖王之道』也

雖然墨子固自有其最高之精神生活存彼固以彼之自由意志力過其物質生活幾至於零度以求完成其精

神生活者也古今中外哲人中同情心之厚義務觀念之強犧牲精神之富基督而外墨子而已善夫莊子之言

曰

『雖然墨子眞天下之好也將求之不得也雖枯槁不舍也才士也夫』（天下篇）

第十二章　墨家思想（其三）

墨家政治哲學之根本觀念略已說明今當進觀其對於政治組織之見解何如墨家論社會起原有極精到之

處而與儒家（荀子）所論微有不同其言曰

『古者民始生未有刑政之時蓋其語人異義是以一人則一義二人則二義十人則十義其人茲（同滋衆也）衆其

所謂義者亦茲衆是以人是其義以非人之義故交相非也是以內者父子兄弟作怨惡離散不能相和合天

下之百姓皆以水火毒藥相虧害至有餘力不能相勞腐朽餘財不以相分隱匿良道不以相敎天下之亂若

禽獸焉……』（上同）

『明乎民之無正長以一同天下之義而天下亂也是故選擇天下賢良聖智辯慧之人立以爲天子使從事

乎一同天下之義天子既以立矣以爲唯其耳目之請（畢沅云請當爲情）不能獨一同天下之義是故選擇贊閱賢

良聖知辯慧之人置以爲三公與從事乎一同天下之義……』（中同）

『三公又以其知力爲未足獨左右天子也是以分國建諸侯諸侯又以其知力爲未足獨治其四境之內也

是以選擇其次立為卿之宰卿之宰又以其知力為未足獨左右其君也是以選擇其次立而為鄉長家君」
下尚同

此與荀子禮論王制諸篇所言略同而有異者荀子從物的方面觀察以為非組織社會無以劑物之不贍墨子
從心的方面觀察以為非組織社會無以齊義之不同墨子所說與歐洲初期之「民約論」酷相類民約論雖
大成於法之盧梭實發源於英之霍布士及陸克彼輩之意皆以為人類未建國以前人人的野蠻自由漫無限
制不得已乃相聚胥謀立一首長此即國家產生之動機也其說是否正當自屬別問題而中國二千年前之墨
子正與彼輩同一見解墨子言『明乎天下之亂生於無正長故選擇賢聖立為天子使從事乎一同』夫明之
自然是人民明鈺選擇之自然是人民選擇賢聖立為天子使此其義與主張『天生民而
立之君』的一派神權起原說及主張『國之本在家』的一派家族起原說皆不同彼以為國家由人民同意
所造成正與民約論同一立腳點墨經云

『君臣萌通約也』上經

即是此意

國家成立後又如何墨家所主張殊不能令吾儕滿志蓋其結果乃流於專制彼之言曰

『正長已具天子發政於天下之百姓言曰聞善不善皆以告其上上之所是必皆是之上之所非必皆非之』
上尚同

『凡國之萬民上同乎天子而不敢下比天子之所是必亦是之天子之所非必亦非之』中尚同

政治思想史

飲冰室專集之五十

一二八

篇名尚同卽尚上字凡以發明「上同於天子」之一義而已以俗語釋之則「叫人民都跟著皇帝走」也就

此點論與霍布士輩所說眞乃不謀而合霍氏旣發明民約原理卻以爲旣成國以後人人便將固有之自由權

拋卻全聽君主指揮後此盧梭派之新民約論所批評修正者卽在此點墨家卻純屬霍氏一流論調而意態之

橫厲又過之彼蓋主張絕對的干涉政治非惟不許人民行動言論之自由乃並其意念之自由而干涉之夫至

人人皆以上之所是非則人類之箇性雖有存焉者寡矣此墨家最奇特之結論也

墨家何故信任天子至如此程度耶彼之言曰

「天子之視聽也神......非神也夫唯能使人之耳目助己視聽使人之吻助己言談使人之心助己思慮使

人之股肱助己動作」下尚同

然則天子又何故能如此耶彼宗蓋更有「尚賢」之義在道家主張「不尚賢使民不爭」墨家正相反其言曰

「何以知尚賢爲政之本也曰自貴且智者爲政乎愚且賤者則治自愚且賤者爲政乎貴且智者則亂......」

尚賢中

「......且夫王公大人......不察其知而以其愛是故不能治百人者使處乎千人之官不能治千人者使處

乎萬人之官......夫不能治千人者使處乎萬人之官則此官什倍也夫治之法將以日治者也日以治之日

不什修知以治之知不什益而予官什倍此則治其一而棄其九也......」尚賢中

此論蓋針對當時貴族政治及私倖政治而言其陳義確含眞理若今之中國眞所謂「以愚者爲政於智者」

「不能治千人而使處乎萬人之官」也墨家以尚賢尚同兩義相結合其所形成之理想的賢人政治則如下

「是故里長者里之仁人也里長發政里之百姓言曰聞善而（同或訓如）不善必以告其鄉長鄉長之所是必皆

是之鄉長之所非必皆非之去若（也）不善言學鄉長之善言去若不善行學鄉長之善行……鄉長惟能壹同

鄉之義是以鄉治也鄉長者鄉之仁人也鄉長發政鄉之百姓言曰聞善而不善必以告國君國君之所是必

皆是之國君之所非必皆非之……國君惟能壹同國之義是以國治也國君者國之仁人也國君發政國之

百姓言曰……天子之所是必皆是之天子之所非必皆非之……天子唯能壹同天下之義是以天下治也

……」尚同上

墨家以國君郎一國之仁人鄉長郎一鄉之仁人里長郎一里之仁人為前提則里人效法里長乃至國人效法

國君誠為最宜問何以能得一國之仁人為國君乃至得一里之仁人為里長則又以天子郎天下之仁人為前

提國君以下皆由此天下之仁人所選擇而此天下之仁人固能尚賢者也然則最後之問題是要問如何方能

使天子必為天下之仁人以堯舜為父而有丹朱商均則『大人世及以為禮』必不能常得仁人至易見矣故

墨子書中絕無主張天子世襲之痕跡彼言『選擇賢能聖智辯慧者立以為天子』則其主張選舉甚明然由

誰選耶以何法選耶惜墨子未有以語吾儕吾儕欲觀其究竟須更從別方面研究之

吾儕須知墨子非哲學家非政治家也墨子有其極崇高極深刻之信仰焉曰『天』其言曰

『殺一不辜者必有一不祥殺不辜者誰也則人也予之不祥者誰也則天也』同上（天志）上

『順天意者兼相愛交相利必得賞反天意者別相惡交相賊則得禍』（同）上

『我為天之所欲天亦為我所欲然有不為天之所欲而為天之所不欲則夫天亦且不為人之所欲而為人

之所不欲矣人之所不欲者何也曰疾病禍祟是也「天志[中]

篇中此類語極多要而論之墨家所謂天與孔老所謂天完全不同墨家之天純為一「人格神」有意識有感

覺有情操有行為故名之曰「天志」其言曰

「我有天志譬若輪人之有規匠人之有矩以度天下之方圓曰中者是也不中者非也」「天志[上]

墨家既以天的意志為衡量一切事物之標準而極敬虔以事之因此創為一種宗教其性質與基督教最相逼

近其所以能有絕大之犧牲精神者全恃此

明乎此義則其政治上最高組織之從何出可得而推也墨家既為一箇宗教則所謂「賢良聖智辯慧」之人

惟教主足以當之教主道統者亦即天下最仁賢之人墨家有一極奇異之制度焉墨子既卒全

國「墨者」中蓋公立一墨教總統名曰「鉅子」莊子天下篇云

「以鉅子為聖人皆願為之尸冀得為其後世至於今不絕」

吾儕從先秦著述中墨家鉅子之名可考見者尚三人（孟勝田襄子腹䵍）蓋其制度與基督教之羅馬法王極相類

所異者羅馬法王由教會公舉墨家鉅子則由前任鉅子指定傳授於後任者又頗似禪宗之傳衣鉢也[看呂氏春秋去私篇]

私由此推之鉅子即墨家所公認為天下最賢能聖智辯慧之人所謂「立以為天子」者宜非此莫屬矣故墨

教行其勢且成為歐洲中世之教會政治此足為理想的政治組織耶是殆不煩言而決矣

墨家思想之俊偉而深摯吾儕誠無間然但對於箇人生活方面所謂「其道大觳天下不堪」此其所短也對

於社會組織方面必使人以上所是非為是非亦其所短也要而論之墨家只承認社會不承認箇人據彼宗所

見則箇人惟以「組成社會一分子」之資格而存在耳離卻社會則其存在更無何等意義此義也不能不謂

含有一部眞理然彼宗太趨極端誠有如莊子所謂「爲之太過已之太順」者（天下篇評墨家語）結果能令箇人全爲

社會所吞沒箇性消盡千人萬人同鑄一型此又得爲社會之福矣乎荀子譏其『有見於齊無見於畸』（見上蓋

謂此也

最後於墨家後學當附論數言戰國中葉以後儒墨並稱其學派傳播之廣可想其最著者則有惠施公孫龍一

派世稱之曰「別墨」蓋專從知識論方面發展與政治較爲緣遠然惠施言『氾愛萬物天地一體』（見莊子天下篇）

公孫龍會與趙惠王燕昭王論偃兵是皆能忠於其敎者

次則有宋鈃尹文一派宋鈃卽孟子之宋牼（或亦卽莊子之宋榮子）其欲以「非攻」「不利」之說說秦楚罷兵

孟子嘗與之上下其議論尹文子有著書今存漢書藝文志列諸名家莊子天下篇以二人合論則其學派相同

可想蓋皆墨家之流裔也天下篇云

『不累於俗不飾於物不苟於人不忮於衆願天下之安寧以活民命人我之養畢足而止……古之道術有

在於是者宋鈃尹文聞其風而說之……語心之容命之曰心之行……見侮不辱救民之鬪禁攻寢兵救世

之戰以此周行天下上說下敎雖天下不取強聒而不舍者也……雖然其爲人太多其自爲太少曰請欲固

置五升之飯足矣先生恐不得飽弟子雖飢不忘天下……不以身假物以爲無益於天下者明之不如已也

以禁攻寢兵爲外以情欲寡淺爲內……』

觀此則兩人學風及其人格的活動殆全與墨子同『非攻寢兵』『雖飢不忘天下』此其最顯著者矣『無

益於天下者則以爲明之不如已『此亦實用主義之一徵也內中宋鈃之特別功績則在其能使墨家學說得

有主觀的新生命荀子嘗記其言曰

『子宋子曰明見侮之不辱使人不鬬人皆以見侮爲辱故鬬也知見侮之爲不辱則不鬬矣

子宋子曰人之情欲寡而皆以己之情爲欲多是過也故率其羣徒辨其談說明其譬稱將使人知情之欲寡

也』正論篇

墨家固常勸人勿鬬然大率言鬬之兩不利是屬客觀計較之論也宋子推原人何以有鬬皆因以見侮而

起故極力陳說見侮之並不足爲辱使之釋然此以理性的解剖改變人之心理作用以塞鬬之源也墨家教人

以自苦爲極是純以義務觀念相繩而已宋子則以爲人之性本來不欲多得而欲寡得然則『五升之飯不得

飽』適如我所欲非苦也而樂矣此又以理性的解剖改變人之心理作用使其安於『人我之養畢足而止』

也莊子稱之曰『語心之容命之曰心之行』謂其專就人之心理狀態立論而一切實踐道德皆指爲內心所

表現之行爲也蓋墨家唯物論色彩太重宋子宗其說而加以唯心論的修正墨家以社會吞滅箇性宋子則將

被吞之箇性從新提挈出來作社會基礎故天下篇以彼爲崛起於墨翟禽滑釐之外而別樹一宗也

第十三章　法家思想（其一）

尹文子則墨法兩家溝通之樞紐其詳當於次節論之

法家成爲一有系統之學派爲時甚晚蓋自愼到尹文韓非以後然法治主義則起原甚早管仲子產時確已萌

芽其學理上之根據則儒道墨三家皆各有一部分爲之先導今欲知其概要當先逑「法」字之意義說文云

「灋刑也平之如水從水廌所以觸不直者去之從廌去」

荆卽型字謂模型也故於「型」字下云「鑄器之法也」「式」字「

范」字「模」字下皆云「法也」型爲鑄器模範法爲行爲模範瀘含

有平直兩意卽其模範之標準也儒家之言曰

「是以明於天之道而察於民之故遂與神物以前民用一闔一闢謂之變往來不窮謂之通見乃謂之象形

乃謂之器制而用之謂之法」辭傳易繫

所謂法者純屬「自然法則」的意義法之本源在「天之道與民之故」此道與故表見出來者謂之象成

爲具體的則謂之器模倣此器制出一種應用法則來謂之法實卽『有物有則』之義也道家之言曰

「人法地地法天天法道道法自然」子老

亦謂以自然爲人之模範也墨家之言曰

「法所若而然也」經墨上子

若「法所若而然也」以俗語釋之則『順著如此做便對』也彼宗又云

「效也者爲之法也所效者所以爲之法也故中效則是也不中效則非也」小墨子取

此卽釋「所若而然」之義凡此所逑皆爲廣義的法質言之卽以自然法爲標準以示人行爲之模範也法家

所謂法當然以此爲根本觀念自不待言故曰

刑與荆爲兩字說文云「荆剄也」以刎頸爲訓與法字殊義也

『根天地之氣寒暑之和水土之性人民鳥獸草木之生物雖不甚多皆均有焉而未嘗變也謂之則義也名

也時也似也類也比也狀也謂之象尺寸也繩墨也規矩也衡石也斗斛也角量也謂之法漸也順也靡也久

也服也習也謂之化』管子七法篇

亦有從「法」之一觀念而更析其類者如尹文子云・

『法有四呈一曰不變之法君臣上下是也二曰齊俗之法能鄙同異是也三曰治眾之法慶賞刑罰是也四

曰平準之法律度權衡是也』

法家所謂法以此文之第一二四種為體而以其第三種為用是為狹義的法彼宗下其定義曰・

『法者憲令著於官府刑罰必於民心賞存乎慎法而罰加乎姦令者也』韓非子定法篇

『法者編著之圖籍設之於官府而布之於百姓者也』韓非子難三篇

由此觀之此種狹義的法須用成文的公布出來而以國家制裁力盾乎其後法家所謂法之概念蓋如此

法家者儒道墨三家之末流嬗變匯合而成者也其所受於儒家者何耶儒家言正名定分欲使名分為具體的

表現勢必以禮數區別之故荀子曰・

『禮法之大分也』不苟篇

又曰・

『禮者人主之所以為羣臣寸尺尋丈檢式也』儒效篇

以此言禮實幾與狹義之法無甚差別彼又言『法後王者法其法』夫彼固以法後王為敎者也故荀子之學，

可謂與法家言極相接近韓非以荀子弟子而爲法家大師其淵源所導蓋較然矣．

法家所受於道家者何耶道家言「我無爲而民自正」民何以能正彼蓋謂自有「自然法」能使之正也自然法希夷而不可見聞故進一步必要求以「人爲法」爲之體現此當然之理也及其末流卽以法治證成無爲之義愼子曰．

「大君任法而不弗躬則事斷於法」．

淮南子曰．

「今乎權衡規矩一定而不易不爲秦楚變節不爲胡越改容常一而不邪方行而不流一日刑^同之萬世傳之而以無爲爲之」．

法治者純以客觀的物準馭事變其性質恰如權衡規矩愼子所謂「無建已之患無用知之累」也夫是以能「無爲而無不爲」彭蒙愼到之流遂於道家言而治術則貴任法蓋以此也．

法家所受於墨家者何耶墨家以尙同爲教務「壹同天下之義」其最後目的乃在舉人類同鑄一型夫欲同鑄焉固非先有型不可則「所若而然」之「法」其最必要矣彼欲取所謂「一人一義十八十義」者而「壹同」之吾試爲之譬有一社會於此其市中無公定之尺勢必「一人一尺十八十尺其人茲衆其所謂尺者亦茲衆」然則欲「壹同天下之尺」其道奚由亦曰以政府之力頒定所謂「工部營造尺」者而已尹文子曰．

「萬事皆歸於一百度皆準於法歸一者簡之至準法者易之極」．

尹文與宋鈃同學風據莊子天下篇所說則其人殆一「墨者」也而其論治術亦歸本於任法蓋尙同論之結

果必至如是也

漢書藝文志別名家於法家而以尹文列焉實則名與法蓋不可離故李悝法經蕭何漢律皆著名篇而後世言

法者亦號「刑名」尹文子論名與法之關係最爲深至其言曰

「名者名形者也形者應名者也......萬物具存不以名正之則亂萬名具列不以形應之則乖......善名命

善惡名命惡......聖賢仁智命善者也頑嚚凶愚命惡者也......使善惡盡然有分雖未能盡物之實猶不患

其差也......名稱者何彼此而檢虛實者也自古及今莫不用此而得用彼而失名者由名分混得者由名分

察今親賢而疏不肖賞善而罰惡賢不肖善惡之名宜在彼親疏賞罰之稱宜屬我......名宜屬彼分宜屬我

我愛白而憎黑韻商而舍徵好膻而惡焦嗜甘而逆苦白黑商徵膻焦甘苦彼之名也愛憎韻舍好惡嗜逆我

之分也故人以度審長短以量受少多以衡平輕重以律均清濁以名稽虛實以法

定治亂以簡治煩惑以易御險難萬事皆歸於一百度皆準於法歸一者簡之至準法者易之極如此頑嚚聲

瞽可與察慧聰智同其治也」

此蓋合儒家所謂『名正則言順言順則事成』墨家所謂『中效則是不中效則非』之義而歸宿於以與律

度量衡同性質之「法」整齊之而使歸簡易則聲瞽可以與聰察同治而道家「無爲」之理想乃實現此卽

法家應用儒道墨之哲理以成其學也

第十四章　法家思想（其二）

當時所謂法家者流中尚有兩派與法治主義極易相混而實大不同者．一曰「術治主義」．二曰「勢治主義」．

「」

「法」與「術」在當時蓋爲相反之兩名詞．故韓非子定法篇云．「申不害言術．而公孫鞅爲法．」然則法

與術之別奈何韓非子曰．

「術也者主之所以執也．法也者官之所以師也．」說疑篇．

尹文子謂『法不足以治則用術』其下「術」之定義謂

『術者人君之所密用羣下不可妄覬』

然則術治主義者其作用全在祕密與『編著圖籍布之於百姓』之公開而畫一的「法」其性質極不相

容．定法篇語其概曰『申不害韓昭侯之佐也韓者晉之別國

也．晉之故法未息而韓之新法又生先君之令未收而後君之

令又下．申不害不擅其法．不一其憲令……雖用術於上法不

勤飾於官……』由此觀之申子一派殆如歐洲中世米奇維

里輩主張用陰謀以爲操縱戰國時縱橫家所最樂道亦時主

所最樂聞也．而其說實爲法家正面之敵法家所主張者在

> 米奇維里 Michiavlli 1469 生 1527 死．意大
> 利人．著有「君主政治論」一書．歐洲人
> 以爲近世初期一名著也．其書言內治外
> 交皆須用權術．十八九世紀之政治家多
> 視爲枕中鴻祕．

飲冰室專集之五十

『奉公法廢私術』韓非子
有度篇

『任法而不任智』管子任
法篇

故曰

『有道之君善明設法而不以私防者也而無道之君既已設法則舍法而行其私者也……為人君者棄法

而好行私謂之亂』管子君
臣篇

由是觀之術蓋為法家所最惡而法家所倡道者實於好作聰明之君主最不便此所以商鞅吳起雖能致國於

盛強而身終為僇也

術治主義者亦人治主義之一種也勢治主義其反對人治之點與法治派同而所以易之者有異慎子蓋案主

勢治之人也其言曰

『堯為匹夫不能治三人而桀為天子能亂天下吾以此知勢位之足恃而賢智之不足慕也』韓非子難
勢篇引

韓非子駁之曰

『夫勢者非能必使賢者用己而不肖者不用己也賢者用之則天下治不肖者用之則天下亂人之情性賢

者寡而不肖者衆而以威勢濟亂世之不肖人則是以勢亂天下者多矣以勢治天下者寡矣……夫勢者名

一而變無數者也勢必於自然則無為言於勢矣……今日堯舜得勢而治桀紂得勢而亂吾非以堯舜為不

然也雖然非一人之所得設也夫堯舜生而在上位雖有十桀紂不能亂則勢治也桀紂亦生而在上位雖

有十堯舜而亦不能治者則勢亂也……此自然之勢也非人之所得設也若吾之言謂人之所得設也』勢難

篇

淺見者流見法治者之以干涉為職志也謂所憑藉者政府權威耳則以與勢治混為一談非此論辨析最為

謹嚴蓋勢治者正專制行為而法治則專制之反面也勢治者自然的惰性之產物法治則人為的努力所創造

故彼非人所得設而此則人所得設也是法與勢之異也

法家非徒反對暴主之用術恃勢而已即明主之勤民任智亦反對之彼宗蓋根本不取人治主義初不問其人

之為何等也尹文子曰

此以嚴密論理法剖析人治法治兩觀念根本不同之處可謂犀利無倫然則豈言乎『聖法之治則無不治』

耶彼宗之言曰

『田子〔田駢〕讀書曰堯時太平宋子〔宋銒〕曰聖人之治以致此乎彭蒙在側越次而答曰聖法之治以致此非聖人

之治也宋子曰聖人與聖法何以異彭蒙曰子之亂名甚矣聖人者自己出也聖法者自理出於己

非理也己能出理理非己也故聖人之治獨治者也聖法之治則無不治矣』

又曰

『若使遭賢則治遭愚則亂治亂續於賢愚不係於禮樂是聖人之術與聖主而俱沒治世之法逮易世而

莫用則亂多而治寡……』尹文子

又曰

『且夫堯舜桀紂千世而一出……中者上不及堯舜而下者亦不為桀紂抱法則治背法則亂背法而待堯

舜堯舜至乃治是千世亂而一治也抱法而待桀紂桀紂至乃亂是千世治而一亂也』韓非子難勢篇

此皆對於賢人政治徹底的攻擊以爲「人存政舉人亡政息」決不是長治久安之計其言可謂博深切明他

宗難之曰

『羿之法非亡也而羿不世中禹之法猶存而夏不世王故法不能獨立類不能自行得其人則存失其人則

亡……有君子則法雖省足以徧矣無君子則法雖具失先後之施不能應事之變足以亂矣』荀子君

蓋謂雖有良法不得人而用之亦屬無效也彼宗釋之曰
道篇

『夫曰「良馬固車臧獲御之則爲人笑王良御之則日取乎千里」吾不以爲然夫待越人之善海游者以

救中國之溺人越人善游矣而溺者不濟矣夫待古之王良以馭今之馬亦猶越人救溺之說也不可明矣

夫良馬固車五十里而一置使中手御之追速致遠可以及也而千里可日致也何必待古之王良乎且御非

使王良也則必使臧獲敗之治非使堯舜也則必使桀紂亂之……此則積辯累辭離理失實兩未之議也」

韓非子
難勢篇

此論大意蓋謂人無必得之芬則國無必治之符政權無論何時總有人把持希望賢人政治者不遇賢人政權

便落不肖者之手天下事去矣法治則中材可守能使『頑嚚聾瞽與察慧聰智者同其治』所以可貴

法家之難「人治」猶不止此彼又以效程之多寡及可恃不可恃爲論據其言曰

『言行者以功用爲之的彀者也夫砥礪殺矢而以妄發其端未嘗不中秋毫也然而不可謂善射者無常儀

也設五寸之的引十步之遠非羿逢蒙不能必中者有常也故有常則羿逢蒙以五寸的爲功無常則以妄發

之中秋毫爲拙』問勢篇

又曰：

「先王懸權衡立尺寸而至今法之其分明也。夫釋權衡而斷輕重廢尺寸而斷長短雖察商賈不用為其不必也......不以法論智能賢不肖者唯堯而世不盡為堯是故先王知自議譽私之不可任也故立法明分中程者賞之毀公者誅之」修權篇商君書

其意謂人治主義不得人固然根本破壞即得人亦難遽認為成立因為「聖主當陽」全屬天幸偶然的事實。

不能作為學理標準學理標準是要含必然性的(法家標準是否有必然性又另一問題次章更論之)

法家之難「人治」猶不止此彼直謂雖天幸遇有賢人仍不足以為治其言曰

「釋法術而心治堯不能正一國去規矩而妄意度奚仲不能成一輪......使中主守法術拙匠守規矩尺寸則萬不失矣」韓非子用人篇

又曰：

「雖有巧目利手不如拙規矩之正方圓也故巧者能生規矩不能廢規矩而正方圓雖聖人能生法不能廢法而治國」管子法篇

法家書中此類語不可枚舉讀此可知彼宗與儒家立脚點不同之處儒家言「規矩方圓之至也聖人人倫之至也」離婁儒家尊人的標準故以聖人喻規矩法家尊物的標準故以法喻規矩其意謂非無賢人之為患即有賢亦不足貴也彼宗又言曰

「君之智未必最賢於衆也以未最賢而欲善盡被下則下不贍矣若君之智最賢以一君而盡贍下則勞勞

則有倦倦衰衰則復返於人不贍之道也」慎子佚文

此言君主不宜任智之理最爲透明現代法治國元首不負責任理論亦半同於此．

法家之難「人治」猶不止此彼宗猶有最極端之一派根本反對「尚賢」其言曰．

「今上論材能智慧而任之則知慧之人希主好惡使官制物以適主心是以官無常國亂而不壹．」商君書農戰篇

此言以尚賢爲治則將獎厲人之飾僞以徼幸其故何耶彼以爲

「君人者舍法而以身治則誅賞予奪從君心出……」慎子法篇

從君心出則人將揣摩君心以售其私此其爲道甚危然則所以救之者如何彼宗之言曰

「使法擇人不自舉也使法量功不自度也」管子明法篇

故如法家所主張其極非至於如後世之糊名考試抽籤補官不可蓋必如此然後可免於『誅賞予奪由君心出』也．

難者曰法之權威如此其大萬一所立法不善則將如何彼宗釋之曰

『法雖不善猶愈於無法所以一人心也夫投鉤以分財投策以分馬非鉤策爲均也使得美者不知所以美得惡者不知所以惡所以塞願望也』慎子佚文

質言之則將一切主觀的標準舍去專恃客觀的標準以「一人心」其標準之良不良在彼宗乃視爲第二問題故其言曰

『因也者舍己而以物爲法也』管子術上篇

『以物爲法』乃可以『無建己之患無用知之累』是故法治主義者其實則物治主義也老子曰『善者因

之』彼宗以此爲「因」之極則謂必如此乃可以「無爲」故曰

『名定則物不競分明則私不行物不競非無心由名定故無所措其心私不行非無欲由分明故無所措其

欲然則心欲人人有之而得同於無心無欲者制之有道也』尹文子

彼宗以爲欲使道家無私無欲之理論現於實際合任法末由故法家實即以道家之人生觀爲其人生觀太史

公以老莊申韓合傳殆有見乎此也

第十五章　法家思想（其三）

法家論國家起原與儒家之家族起原說墨家之民約起原說皆有別彼宗蓋主張「權力起原說」也其言曰

『古者未有君臣上下之別未有夫婦妃匹之合獸處羣居以力相征於是智者詐愚強者凌弱老幼孤弱不

得其所故智者假衆力以禁強虐而暴人止』管子君臣篇

法家主義純以人類性惡爲前提彼之言曰『人故相憎也人之心悍故爲之法管子樞言篇然則以同情心相結合

之組織殆爲彼宗所否認雖然其否認亦非絕對不過視爲未有國家以前之狀態換言之則彼宗謂不能恃同

情心以組織國家云爾故其言曰

『天地設而民生之當此之時民知其母而不知其父其道親親而愛私親親則別愛私則險民生衆而以別

險爲務則有亂當此之時民務勝而力征務勝則爭力征則訟訟而無正則莫得其性也故賢者立中設無私

而民曰仁當此時也親親廢上賢立矣凡仁者以愛利爲道而賢者以相出爲務案相出者謂才民衆而無制智臨馭別人

久而相出爲道則有亂故望人承之作爲土地貨財男女之分分定而無制不可故

立官官設而莫之一不可故立君既立其君則上賢廢而貴貴立矣」南君書開塞篇

據近世社會學者所考證凡國家成立大率分爲三階段第一階段以血統相繫屬社會組織力則特親親也在

此種社會中純由族中長老爲政其子弟不過附屬品而已然羣中事變日賾或對內或對外有重大問題發生

非年富力強且有特別技能之人不勝其任則衆共以謀之於是社會組織力漸移於上賢社會益趨益滋

以賢（包智力在內）相競者日衆而無一定衡量之標準則惟有將權力變爲權利立一尊以統馭之於是社會組

織力漸移於貴貴商君書此段所論似最得其眞相矣

彼宗以爲社會情狀既有變遷則所以應之者自不得不異其術儒家所主張「行仁政」所謂「民之父母」

彼宗謂是以第一階段之理論適用於第三階段也謂國家性質與家族全異故君主性質與父母全異故反對之

其言曰

『今上下之接無父子之澤而欲以行義禁下則交必有郄矣且父母之於子也產男則相賀產女則殺之此

俱出父母之懷衽然男子受賀女子殺之者慮其後便計之長利也故父母之於子也猶用計算之心以相待

也而況無父子之澤乎』韓非子六反篇

彼所言『父子猶以計算之心相待』以此爲推論之出發點其偏宕自不待言但其將人性黑闇方面盡情揭

破固不得不謂爲徹底沈痛之論也彼宗此種推論之結果故對於儒家──如孟子之流者以仁義說時主明

本論

加攻擊其言曰。

『今學者之說人主也皆去求利之心出相愛之道是求人主之過於父母之親也此不熟於論恩詐而誣也。』上同

彼宗不徒謂仁政之迂而難行也且根本斥其不可言曰。

『明主之治國也使民以法禁而不以廉止母之愛子也倍父父令之行於子者十母更之於民無愛令之行於民也萬父母積愛而令窮吏用威嚴而民聽從』上同

然則令行民從者將以快人主之意耶是又不然彼續言曰。

『今家人之治產也相忍以飢寒相強以勞苦雖犯軍旅之難饑饉之患溫衣美食者必是家也相憐以衣食者必是家也。故法之為道前苦而後樂仁之為道偷樂而後窮聖人權其輕重出其大利故用法之相忍而棄仁之相憐也。』上同

又云。

『慈母之於弱子也愛不可為前然而弱子有僻行使之隨師有惡病使之事醫不隨師則陷於刑不事醫則疑於死慈母雖愛無益於振刑救死則存子者非愛也。母不能以愛存家君安能以愛持國』韓非子八說篇

此種議論雖含有一部分真理此理在春秋時已多能言之者國語記公父文伯之母言曰『夫民勞則思思則善心生逸則淫淫則忘善忘善則惡心生沃土之民不材淫也瘠土之民莫不嚮義勞也』下魯語左傳記子產臨終戒子太叔之言曰『唯有德者能以寬服民其次莫如猛夫火烈民望而畏之故鮮死焉水懦弱民狎而翫之

則多死焉』昭二此類語確能深察人性之微抉其缺點而對治之孔子答子路問政曰『勞之』又曰『愛之能

勿勞乎』即是此意法家專從此點發揮以張其軍對於孟子一派之『保姆政策』根本反對（孟子言無可議已

見第七章玆不更論）　其意蓋欲矯正人民倚賴政府之根性使之受磨鍊以求自立不可謂非救時良藥也

彼宗大都持性惡之說又注意物質的關係其所以重法凡以強爭也其言爭之所由起立論最妙實曰

『古者丈夫不耕草木之實足食也婦人不織禽獸之皮足衣也不事力而養足人民少而財有餘故民不爭

……今人有五子不為多子又有五子大父未死而有二十五孫是以人民衆而貨財寡事力勞而供養薄故

民爭……故饑歲之春幼弟不饟穰歲之秋疏客必食非疏骨肉愛過客也多少之心異也是以古之易財非

仁也財多也今之爭奪非鄙也財寡也』五蠹篇

此可謂故平恕且故徹底之論彼既認爭奪為人類所不能免認多數人為環境所迫實際上已生活於罪惡

之中謂政治之目的在對治多數陷溺之人使免於罪戾並非為少數良善者而設故其言曰

『夫聖人之治國不恃人之為吾善也而用其不得為非也恃人之為吾善也境內不什數用人不得為非一

國可使齊為治者用衆而舍寡故不務德而務法夫必恃自直之木百世無矢恃自圜之木千世無輪矣……

然而世皆乘車射禽者隱栝之道用也雖有……自直之箭自圜之木良工弗貴也何則乘者非一人射者非

一發也不恃賞罰而恃自善之民明主弗貴也何則國法不可失而所治非一人也故有術之君不隨適然之

善而行必然之道』韓非子顯學篇

後儒動訶法家為刻薄寡恩其實不然彼宗常言

『不爲愛民虧其法．法愛於民』法管子篇法

以形式論彼輩常保持嚴冷的面目．誠若純爲秋霜蕭殺之氣以精神論彼輩固懷抱一腔熱血如子產鑄刑書時所謂『吾以救世』者看前論故孔子稱管仲曰『如其仁如其仁』稱子產曰『古之遺愛』而後世宗尙第七章

法家言之諸葛亮亦謂『示之以法法行則知恩』也．

法治與術治勢治之異前既言之矣故法家根本精神在認法律爲絕對的神聖不許政府動輒法律範圍以外．

故曰．

『明君置法以自治立儀以自正也……禁勝於身則令行於民．』法管子篇

又曰．

『不爲君欲變其令令尊於君』上同

就此點論可謂與近代所謂君主立憲政體者精神一致然則彼宗有何保障能使法律不爲「君欲」所搖動耶敢可惜者彼宗不能有滿意之答覆以餉吾儕雖然彼宗固已苦心擘畫求出一較有力的保障焉曰使人民法律智識普及其辦法如下

『公孫鞅君商孝問公孫鞅君商曰法令以當時立之者明旦欲使天下之吏民皆明知而用之如一而無私奈何公孫鞅曰爲法令置官吏樸足以知法令之謂者以爲天下正……諸官吏及民有問法令之所謂也於主法令之吏皆以其政所欲問之法令明告之各爲尺六寸之符明書年、月、日、時所問法令之名以告吏民主法令之吏不告及之罪而法令之所謂也有詫脫當案此句當皆以吏民之所問法令之罪各罪主法令之吏法令之謂者法令講的是什麼

政治思想史

……故天下之吏民無不知法者吏明知民知法令也故吏不敢以非法遇民……此所生於法明白易知而必行」商君書定分篇

歐洲之法律公開率皆經人民幾許流血乃得之我國法家對於此一點其主張如此誠懇而堅決且用種種手段以求法律智識普及於一般人民眞可謂能正其本能貫徹主義之精神也已

第十六章　法家思想（其四）

法家起戰國中葉逮其末葉而大成以道家之人生觀爲後盾而參用儒墨兩家正名覈實之旨成爲一種有系統的政治學說秦人用之以成統一之業漢承秦規得有四百年秩序的發展蓋漢代政治家蕭何曹參政論家賈誼晁錯等皆用其道以規晝天下及其末流諸葛亮以偏安艱難之局猶能使「吏不容奸人懷自厲」三國志諸葛亮傳陳壽評語其得力亦多出法家信哉卓然成一家之言直至今日其精神之一部分尙可以適用也雖然此果足爲政論之正則乎則更有說

法家最大缺點在立法權不能正本淸源彼宗固力言君主當「置法以自治儀以自正」力言人君「棄法而好行私謂之亂」然問法何自出誰制之則仍曰君主而已夫法之立與廢不過一事實中之兩面立法權在何人則廢法權即在其人此理論上當然之結果也漢時酷吏杜周逢迎時主之意枉法陷人有規責之者周答曰

「三尺安出哉以三尺謂法也孟康注云三尺竹簡書法律也前主所是著爲律後主所是疏爲令當時爲是何古之法乎」漢書杜周

此言之不可爲訓固無待言雖然法家固言曰『前世不同敎何古之法帝王不相襲何禮之循』（商君書更法篇述商鞅語）

夫前主之立一法必其對於彼以前之法有所廢也廢之者即人主也前主人主則曷爲其不可

以更有廢也然則杜周正乃宗法家言以爲言也夫人主而可以自由廢法立法則彼宗所謂『抱法以待則千

世治而一世亂』者其說固根本不能成立矣就此點論欲法治主義言之成理最少亦須有如現代所謂立憲

政體者以盾其後而惜乎彼宗之未計及此也彼宗固自言之矣曰

『國皆有法而無使法必行之法』（管子七法篇）

『使法必行之法』在民本的國家之下能否有之且未可定在君權的國家之下則斷無術以解決此問題夫

無監督機關君主可以自由廢法而不肯廢法則其人必堯舜也夫待堯舜而法乃存則仍是人治非法治也彼

宗動以衡量尺寸比法謂以法量度人如尺之量度布帛衡之量度土石殊不知布帛土石死物也一成而不變

者也故亦以一成不變之死物如衡尺者以量度焉斯足矣人則活物也自由意志之發動日新而無朕欲專恃

一客觀的「物準」以窮其態此必不可得之數也荀子曰

『法而不議則法之所不至者必廢』（王制篇）

一尺可以盡萬物之長短一衡可以盡萬物之輕重人心之輕重長短試問幾許之法而始能以盡之耶法雖如

牛毛而終必有『法之所不至者』自然之數也特法以爲治則法所不至之部分或聽人民自由行動或由官

更上下其手二者皆所謂『廢』也而天下事理恐爲法所不至者轉多於爲法所至者則舉者一二而廢者八

九也然則彼宗所謂『萬事皆歸於一百度皆準於法』者亦空想之言而已矣。

『法而不議』實彼宗一重要信條故曰『令出自上而論可與不可者在下是威下繫於民也』管子重儒家

孔孟本不重法故無聽民議法之明文然恆言『民之所好好之民之所惡惡之』則明明以民意爲政治標準

也荀子固微帶法治色彩者然則殊不取彼宗『不議』之說其言曰

『法而議......百事無過......其有法者以法行無法者以類舉』王制篇

又曰

『隆禮至法則國有常......纂論也』王先謙曰爾雅釋詁「纂繼」謂使人相繼議論之『纂繼公察則民不疑』君道篇

荀子之意以爲法之能行必須人民了解立法之意無所疑惑則非使人民對於所應守之禮與法繼續討論

公開審察焉不可如是則可以『無過』雖法所不至之處亦可以『類舉』而得標準曷能以類舉耶如吾

前文所引荀子之言看第三章曰

『以人度人以情度情以類度類』非相篇

孟子亦言

『權然後知輕重度然後知長短物皆然心爲甚王請度之』梁惠王下

天下事理宜有標準以量度之吾儕所承認也然量物與量人決不能混爲一談『物準』可以量物量人則不

能以物準而惟當以『心準』儒家絜矩之道所謂『所惡於上無以使下......』云云者全以如心之恕爲標

準其知則『心矩』也物矩固可以一措定焉而不容異議心矩則非『纂論公察』焉不可也

彼宗最大目的在『不隨適然之善而行必然之道』此誤用自然界之理法以解人事也「必然」云者謂有

一成不變之因果律以為之支配吾儕可以預料其將來持左券以責後效如一加一必為二輕養二合必為水

也夫有「必然」則無自由有自由則無「必然」兩者不並立也物理為「必然法則」之領土人生為自由

意志之領土求「必然」於人生蓋不可得之則戕人生亦甚矣此義固非唯物觀之法家所能夢見也

法家之論治也頗有似今日軍閥官僚反對民治主義者之所云今語軍閥官僚以民治彼輩輒曰『國民程度

不足』蓋法家之言亦曰

『民智之不可用也猶嬰兒之心也夫嬰兒不剔首則腹痛……剔首……必一人抱之慈母治之猶啼呼不

止嬰兒子不知犯其所小苦致其所大利也』顯學篇

此其言曷嘗不含一面真理雖然民果皆嬰兒乎果常嬰兒乎使民果皆嬰兒也須知人類不甚相遠同時代同

環境之人尤不能相遠民既嬰兒則為民立法之人亦嬰兒何以見彼嬰兒之智必有以愈於此嬰兒彼立法而

此不容議也使民果常嬰兒也則政治之用可謂全虛彼宗立喻謂嬰兒『不知苦以致利』故有賴其母母

之所以「利」此兒者豈不曰致之於成人乎哉使永為嬰兒亦奚貴乎有母彼宗抑曾思械嬰兒之足勿使學

步者此兒亦將不能行鉗嬰兒之口勿使出話者此兒雖成人亦將不能語也要而論之彼宗以治者與

被治者為盡然不同類之兩階級謂治者具有高等人格被治者具有劣等人格（從性惡立論而並不貫徹）殊不知

良政治之實現乃在全人類各箇人格之交感共動互發而駢進故治者同時即被治者被治者同時即治者而

慈母嬰兒實非確喻也此中消息惟儒家能窺見而法家則失之遠矣

法家之以權衡尺寸喻法而以被量度之物喻被治之人也彼忘卻被量度之物不能自動而被治之人能自動

也使吾儕方以尺量布而其布忽能自伸自縮則吾尺將無所施夫人正猶是也故儒家難之曰

『合符節別契券者所以為信也……誕詐之人乘是而後欺探籌投鉤者所以為公也……乘是而後偏衡

石稱縣者所以為平也……乘是而後險……故械數者治之流也非治之原也……官人守數君子養原

原清則流清原濁則流濁……』荀子君道篇

又曰

『法不能獨立類不能自行得其人則存失其人則亡』君道篇

『法令者治之具而非制治清濁之源也』漢書董仲舒傳

此將彼宗之「機械主義」辭而闢之可謂一語破的法家等人於機械故謂以「械數」的法取之則如物之

無適形曾不思人固與物異其情也束縛而馳驟之則敗之於『免而無恥』而已故荀子又曰

又曰

『有良法而亂者有之矣有君子而亂者自古及今未嘗聞也』王制篇

此正以人治之矛陷法治之盾也而吾儕則以其說為至當而不可易也如曰不然試看有約法之中華民國其

政象何如藉曰約法不良則試揣度制定最良之憲法後其政象又何如政治習慣不養成政治道德不確立雖

有冠冕世界之良憲法猶廢紙也此非所謂『法不能獨立』『有良法而亂』者耶故吾儕若作極端究竟談

仍歸結於荀子所謂

「有治人無治法」

勉爲中庸之說則亦不過如孟子所謂

「徒善不足以爲政徒法不能以自行」

而彼宗所謂『以法治國則舉而措之而已』者稍有常識當知其不然矣。

不特此也就令人人不作弊於法之中人人能奉法爲神聖以相檢制而其去治道也猶遠蓋法治最高成績不

外『齊一其民』不外『壹同天下之義』其結果則如陶之治埴千器萬器同肯一型箇人之箇性爲國家吞

滅淨盡如謂國家爲死物也則更何說若承認國家爲一生機體而謂組成機體之分子可以剝奪其箇性而無

損於機體生存之活力吾未之前聞法家言故大之流毒實在此一點儒家惟有見於此故其政治目的在

「能盡人之性」中庸

在使

「人人有士君子之行」春秋繁露俞序篇

在使

「經正則庶民興庶民興斯無邪慝矣」孟子

吾願更取儒家最精深博大之語反覆樂道曰『人能弘道非道弘人』若以應用於政治則吾亦曰『人能制

法非法制人』而已矣。

要而論之儒家以活的動的生機的唯心的人生觀爲立腳點其政治論當然歸宿於仁治主義——卽人治主

義．法家以道家之死的靜的機械的唯物的人生觀爲立脚點其政治論當然歸宿於法治主義——即物治主

義．兩家孰優孰劣以吾儕觀之蓋不煩言而決也．

以上述四家學說竟更有數問題宜合諸家比較以觀其通者改章論之．

第十七章　統一運動

我國先哲言政治皆以「天下」爲對象此百家所同也．「天下」云者即人類全體之謂當時所謂全體者未

必即爲全體固無待言但其發的常向於其所及知之人類全體以行而不以一部分自畫此即世界主義之眞

精神也先秦學者生常諸國並立之時其環境與世界主義似相反然其學說皆共向此鵠無異同而且積極的

各發表其學理上之意見成爲一種「時代的運動」其在儒家孔子作春秋第一句曰『元年春王正月』公

羊傳云

『何言乎王正月大一統也．』

紀年以魯國因時俗之國家觀念也而正月上冠以一「王」字即表示「超國家的」意味春秋之微言大義

分「三世」以明進化軌跡第一「據亂世」『內其國而外諸夏』第二「升平世」『內諸夏而外夷狄』

第三「太平世」『天下遠近大小若一夷狄進至於爵』哀十四年公羊傳注蓋謂國家觀念僅爲據亂時所宜有據亂

云者謂根據其時之亂世爲出發點而施之以治也治之目的在平天下故漸進則由亂而「升」至於平更進

則爲「太平」太猶大也太平之世非惟無復國家之見存抑亦無復種族之見存故論語云

「子欲居九夷或曰陋如之何子曰君子居之何陋之有」

將自己所有文化擴大之以被於全人類而共立於平等的地位此吾先民最高理想也故論語又云．

「四海之內皆兄弟也」

中庸亦云．

「是以聲名洋溢乎中國施及蠻貊天之所覆地之所載日月所照霜露所隊凡有血氣者莫不尊親」

卽此數語其氣象如何偉大理想如何崇高已可概見至孟子時列國對抗之形勢更顯著而其排斥國家主義

也亦更力其言也．

「天下惡乎定定于一」

齊宣王問齊桓晉文之事孟子曰『仲尼之徒無道桓文之事者……無已則王乎』凡儒家王霸之辨皆世界

主義與國家主義之辨也所不慊於齊桓晉文者為其專以己國為本位而已

道家以自然為宗其氣象博大亦不下於儒家老子書中言『以天下觀天下』『以無事治天下』『抱一為

天下式』諸如此者不一而足其為超國家主義甚明

墨家言兼愛言尙同其為超國家主義也更明抑彼宗之世界主義尤有一極強之根據焉曰「天志」彼之言

曰

『何以知天之愛天下之百姓以其兼而明之何以知其兼而明之以其兼而有之何以知其兼而有之以其

兼而食焉』墨子天志上

先秦
政治思想史

飲冰室專集之五十

『且夫天之有天下也辟之無以異乎國君諸侯之有四境之內也夫豈欲

其臣……民之相爲不利哉今若……處大家則亂小家欲以此求賞譽終不可得誅罰必至矣夫天之有天

下也將無已以異此今若處大國則攻小國……欲以此求福祿於天福祿終不得而禍祟必至矣』墨子天志中

天之視萬國兆民其愛之如一利之如一故凡人類之受覆育於天者皆當體天之志以兼利愛而交相利故曰

『視人之國若其國』

如此則國家觀念直根本消滅耳尚同篇言以『天子壹同天下之義』其世界主義的色彩最明瞭矣

法家本從儒道墨一轉手其世界觀念亦多襲三家但彼最晚出正當列強對抗競爭極劇之時故其中一派以

『富國強兵』爲職志其臭味確與近世歐美所謂國家主義者相類無庸爲諱也雖然彼輩之渴望統一與餘

宗同特所用手段異耳勉以今語比附之則儒器可謂主張聯邦的統一平和的統一法家可謂主張帝國的統

一武力的統一也其後秦卒以後者之手段完成斯業然而不能守也漢承其緒參用前者之精神而所謂『定

于一』者乃終實現焉

當時人士異國間互相仕宦視爲固然不徒縱橫家之朝秦暮楚而已雖以孔墨大聖亦周歷諸侯無所私於其

國若以今世歐洲之道德律之則皆不愛國之尤者然而吾先民不以爲病彼蓋自覺其人爲天下之人非一國

之人其所任者乃天下之事非一國之事也

歐洲幅員不當我半而大小國數十二千年來統一運動雖間起卒無成效德法夾萊因河而國世爲仇讎糜爛

其民而戰若草芥然巴爾幹區區半島不當我一大郡而建國四五無歲無戰我國則秦漢以降以統一爲常軌

一五六

一五六

而分裂爲變態雖曰干戈塗炭之苦亦所不免乎然視彼固有間矣謂彼由民族異性各不相下耶我之民族亦

曷嘗不複雜而終能冶爲一體則又何也我之統一雖物質上環境促成之者亦與有力然其最主要之原因則

聖哲學說能變化多數人心理摶之以爲一也吾言之矣同類意識宜擴大不宜縮小使吾先民常以秦人愛

秦越人愛越爲敎則秦越民族性之異又寧讓德法吾惟務滋長吾同類意識故由異趨同彼惟務獎借其異類

意識故異者益異嗚呼心理之幾至微而末流乃滔天而不可禦吾儕誠欲抱吾卜和之璞以獻彼都不審竟遭

刖焉否耳

第十八章　寢兵運動

弭兵之議倡於春秋末葉宋向戌會當時諸強國於宋都相與約盟酷似今茲大戰前之海牙平和會也當時則

有從學理上議其不可行者曰.

『天生五材民並用之廢一不可誰能去兵』（左襄二七）

雖然後此多數大學者標舉此義爲猛烈的運動懇摯的宣傳老子言.

『兵者不祥之器』

孔子作春秋『會盟之事大者主小戰伐之事後者主先』（春秋繁露竹林篇）故孟子曰.

『春秋無義戰』

孟子書中到處發明此義其極沈痛峻厲之言曰.

「爭地以戰殺人盈野爭城以戰殺人盈城此所謂率土地而食人肉罪不容於死」

至墨翟宋銒一派更高揭非攻寢兵之鮮明旗幟以號呼於天下其論旨則前數章既屢言之矣墨家非從空談

而已常務實行見有鬭者匍匐往救之且以善守爲「非攻」主義之後盾故其宣傳乃實力的宣傳也各書中

載墨子一故事曰

「公輸般爲楚造雲梯之械成將以攻宋墨子聞之起於魯行十日十夜足重繭而不休息裂裳裹足至於郢

見公輸般公輸般曰「夫子何命焉爲」墨子曰「北方有侮臣願藉子殺之」公輸般不悅墨子曰「請獻

十金」公輸般曰「吾義固不殺人」墨子起再拜曰「請說之吾從北方聞子爲梯將以攻宋宋何罪之有

荊國有餘於地不足於民殺所不足而爭所有餘不可謂智宋無罪而攻之不可謂仁知而不爭不可謂忠爭

而不得不可謂強義不殺少而殺衆不可謂知類」公輸般服墨子曰「然胡不已乎」公輸般曰「不可吾

既已言之王矣」墨子曰「胡不見我於王」公輸般曰「諾」墨子見王曰「今有人於此

宋乃攻之乎亡毋同其不得宋且不義猶攻之乎」王曰「必不得宋且有不義則曷爲攻」墨子曰「甚善

臣以爲宋必不可得」王曰「公輸般天下之巧工也已爲攻宋之械矣」墨子曰「令公輸般攻臣守之

」於是公輸般墨子解帶爲城以牒爲械公輸般九設攻城之機變墨子九距之公輸般之攻械盡墨子之守

圉有餘公輸般詘而曰「吾知所以距子矣吾不言」墨子亦曰「吾知子之所以距我矣吾不言」楚王問

其故墨子曰「公輸子之意不過欲殺臣殺臣宋莫能守乃可攻也然臣之弟子禽滑釐等三百人已持臣守

圉之器在宋城上而待楚寇矣雖殺臣不能絕也」楚王曰「善哉吾請無攻宋矣」

墨子公輸篇戰國策宋策呂氏春秋愛類篇

此段故事將墨子深厚的同情彌滿的精力堅強的意志活潑的機變豐富的技能全盤表現墨家者流以此種

人格此種精神忠實以宣傳其主義『上說下教強聒不舍』戰國中末葉其徒『盈天下』其學說影響於吾

國民心理者至深且廣有固然矣

第十九章 教育問題

凡學說皆起於『救時之敝』淮南子要略訓語 時既敝矣則一手不足以障狂瀾固其所也故雖以儒墨之苦心毅力

大聲疾呼而在當時所能挽救者乃至微末其與彼等對抗之法家軍國主義派竟占優勢卒以二百餘年長期

戰爭之結果以成統一之局雖然真理者固常為最後之勝利者也學說漸漬既久形成國民心理則又非一時

之物質現象所能久抗孟子云

『由今之道無變今之俗雖與之天下不能一朝居也』

代表軍國主義之秦國雖復『履至尊而制六合執鞭箠以馭天下』賈誼文 然不十餘年而遂亡漢反其道與民

休息成四百年之治自茲以往我國民遂養成愛平和的天性鬭狠黷武之英雄無論在何時代恆不為輿論所

譽許其以有勇見稱者則守土捍難以死勤事之人耳故中國人可謂為能守的國民而絕非能戰的國民墨家

之敎也後此二千年間屢蒙異族侵暴者以此雖蒙侵暴而常能為最後之光復者亦以此若其因侵暴光復展

轉相乘而同化力愈益發揮民族內容愈益擴大則文化根柢深厚使然也

對於教育問題各派態度不同即同在一派中其方法亦有差別今略論之．

道家從外表上觀之殆可謂之「非教育主義」其言曰

『古之爲道者非以明民將以愚之』（老子）

此其反對教育之態度似甚明瞭雖然彼宗之主張愚民又非謂欲藉衆愚以成吾獨智也彼蓋以「明焉」爲「自然

」欲率民返於此自然莊子言伯樂治馬刻之雒之馳之驟之整之齊之是卽施焉以教育將以「明焉」也彼

宗謂似此則違反自然也甚矣彼其理想的人生所謂『常德不離復歸於嬰兒』所謂『俗人昭昭我獨昏昏

俗人察察我獨悶悶……衆人皆有以而我獨頑似鄙』（老子）俱嬰兒也昏昏悶悶也頑鄙也皆愚而不明之狀態

也是故不獨『非以明民將以愚之』也亦可謂『非以明我將以愚之』然則竟謂彼宗爲徹底的排斥教育

可乎恐又未必然排斥教育則老子著五千言莊子著三十三篇又奚爲者然則吾將爲彼宗杜撰一徽號焉曰

主張「愚的教育」老子曰

『爲學日益爲道日損』

「日益」者智的教育也「日損」者卽愚的教育也夫教育目的固不徒在增加智識而已洗鍊感情樹立意

志皆當有事焉然則「日損」的教育謂之非教育焉固不可也

法家懸法以馭民其術似與教育異實則不然彼宗固亦欲以法達其教育之目的也其言曰

『今有不才之子父母怒之弗爲改鄉人譙之弗爲動師長教之弗爲變夫以父母之愛鄉人之行師長之智

三美加焉而終不動其脛毛……州部之吏操官兵推公法而求索姦人然後恐懼變其節易其行矣故父母

之愛不足以教子必待州部之嚴刑者民固驕於愛聽於威矣」韓非子五蠹篇

法家固承認教育之必要及其功用但其教育所挾持之工具與餘宗異其所認爲能實施教育之人亦與餘宗異彼所主張者

彼宗欲將一切教育悉納入於此種「官立法政專門學校」之中且教課不講學理惟解釋法律條文教師不用學者惟委諸現職官吏而且實際的教育並不在學校官廳也軍隊也監獄也卽實行教育之主要場所也以爲誠能如是則

「無書簡之文以法爲教無先生（顧廣圻校改之語，今本作王。從）以吏爲師」上同

法家最後目的仍在「施於國以成俗」是法治亦教育之一手段也其與儒家異者儒家之教人做人法家之教育人做彼宗理想中之國民譬之如貨主欲得某種貨物繪成圖樣向工廠定造廠主則鑄定一型將原料納入之務使產品齊一「中效則是。不中效則非」（墨子小取篇文）換言之則不管各人箇性如何務同冶之於國家所欲得之定型求諸歐洲古代則希臘之斯巴達近代則大戰前之普魯士其教育精神殆全與此同卽現代各國所謂國家教育政策其視彼亦不過五十步與百步而已

「法制不議則民不相私刑殺毋赦則民不偸於爲善爵祿毋假則下不亂其上三者藏於官則爲法施於國則成俗」管子法禁篇

管子一書不能指爲純粹的法家言中多糅合儒道法三家思想者其論教育方法殊別有理趣其言曰

「士農工商四民者國之石民也不可使雜處雜處則其言哤其事亂是故聖王之處士必於閒燕處農必就

田野處工必就官府處商必就市井今夫士羣居而州處閒燕則父與父言義子與子言孝……旦暮從事於

此以敎其子弟少而智焉其心安焉不見異物而遷焉是故其父兄之敎不肅而成其子弟之學不勞而能是

故士之子常爲士今夫農羣萃而州處……旦暮從事於田野……沾體塗足暴其髮膚盡其四支之力以從

事於田野少而習焉其心安焉不見異物而遷焉是故其父兄之敎不肅而成其子弟之學不勞而能是故農

之子恆爲農今夫工羣萃而州處……是故工之子恆爲工今夫商羣萃而州處……是故商之子恆爲商」

小匡篇

此種制度甚奇欲將人民從職業上畫分區域以施敎育雖未必能嚴格實現然不可謂非一種有研究價值之

理想也其目的在使人人代代同鑄一型不脫法家臭味然其利用模仿性以施感化力亦頗參儒家精神焉

管子之言軍國民的敎育尤含妙義其言曰

『作內政而寓軍令焉……內敎既成令不得遷徙故卒伍之人人與人相保家與家相愛少相居長相游祭

祀相福死喪相恤禍福相憂居處相樂行作相和哭泣相哀是故夜戰其聲相聞足以無亂晝戰其目相見足

以相識驩欣足以相死是故以守則固以戰則勝君有此敎士三萬人以橫行於天下……』同上

此眞斯巴達之敎也故當注意者彼全從羣衆心理著眼目的在使人『驩欣足以相死』夫死爲人所同惡而

『敎士』乃能易以驩欣則其認敎育之效能也至矣

墨家敎育以宗敎爲源泉而用人格的注射以保其活力所謂宗敎者非徒靈界的信仰之謂墨家固有「天志

」「明鬼」諸義然彼未嘗言天堂言來生其與耶回一類之宗敎性質實不從同吾所以指墨家爲宗敎者謂

其賦予主義以宗教性夫革命排滿本一主義耳在前清末年則含有宗教性共產本一主義耳其在馬克思派

之黨徒中則含有宗教性主義成為宗教性則信仰之者能殉以身義無反顧故

『墨子服役者［役者即弟子也韓非子五蠹篇云仲尼服七十人即指七十子與此文同］百八十人皆可使赴火蹈刃死不旋踵』（淮南子）

蓋宗教本最高情感之產物而墨家教育殆純以情育為中心也而其所以能『徒屬充滿天下』（呂氏春秋尊師篇稱讚墨）

子者則又其極偉大極崇高之人格感化力有以致之此學者所最宜留意也

右所語者墨家在當時教育活動之事實也其價值實至偉大至彼宗之教育理論及方法則不外用政治手段

『壹同天下之義』使人人皆『棄其不善言學天子之善言棄其不善行學天子之善行』殆無甚可述焉

儒家認教育萬能其政治以教育為基礎——謂不經教育之民無政治之可言又以教育為究竟——謂政治

所以可貴者全在其能為教育之工具荀子云

『君子治治非治亂也……然則國亂將弗治與曰國亂而治之者非案亂而治之之謂也去亂而被之以治

人汙而修之者非案汙而修之之謂也去汙而易之以修故去亂而非治亂也去汙而非修汙也』（不苟篇）

大學引康誥曰『作新民』易文言傳曰『不易乎世不成乎名』論語記孔子言曰『天下有道丘不與易』

孟子曰『亦以新子之國』新民新國易世易天下以今語釋之則亦曰革新社會而已法家之『道之以政齊

之以刑』儒家則謂為苟且之治無他以其欲案亂而治也夫案亂而治之或且益其亂不見今日之民國乎

案亂而集國會國會集滋益亂案亂而議聯省聯省建恐滋益亂案亂而言社會主義社會主義行恐滋益亂何

也法萬變而人猶是人民不新世不易安往而可也論語記

「子之武城聞絃歌之聲夫子莞爾而笑曰割雞焉用牛刀子游對曰昔者偃也聞諸夫子曰君子學道則愛

人小人學道則易使也子曰二三子偃之言是也前言戲之耳

儒家之視一都一邑一國乃至天下其猶一學校也其民則猶子弟也理想政治之象徵則『絃歌之聲』也所

謂『絕惡於未萌起敬於微眇』所謂『移風易俗美善相樂』即儒家政治唯一之出發點亦其唯一之歸宿

點也此無他焉亦曰去亂而被之以治云爾

儒家教育專以人格的活動為源泉彼惟深知夫人格由「相人偶」而始能成立始能表現故於人格交感相

發之效信之最強其言曰

『唯天下至誠為能盡其性能盡其性則能盡人之性……』中庸

又曰

『至誠而不動者未之有也不誠未有能動者也』孟子

至誠者何盡性者何即「真的人格之全部的活動表現」（能盡其性）而已我之人格為宇宙全人格之一部與一切人之

人格相依相澀我苟能擴大我所自覺之人格使如其量則以全人格作自強不息的活動則凡與我

同類之人未有不與我同動者也儒家所信之教育萬能專在此點明乎此則讀一切儒書皆可無閡而彼宗

政治與教育同條共貫之理可以瑩澈矣

人格的教育必須以施教者先有偉大崇高之人格為前提此其事不可以望諸守繩墨奉故事之官吏也明矣

故不特法家『以吏為師以法為教』之主張在所排斥也即凡一切官學之以詩書禮樂為教者皆未足以語

此故孔子首創私人講學之風以求人格教育之實現孔子以前之教育事業在家塾黨庠鄉序國學大率為家

族地方長老所秉領或國家官吏所主持私人而以教育為專業者未之前聞有之自孔子始孔子以一布衣養

徒三千本其『有教無類』之精神自搢紳子弟以至趰儈大盜皆『歸斯受之』以智仁勇為教本以詩書執

禮執射執御等為教條『大小精粗其運無乎不在』其所確然自信者則 非子天下篇文

『一日克已復禮天下歸仁焉』論語

『君子居其室出其言善則千里之外應之』易繫辭傳

『本諸身徵諸庶民……動而世為天下道行而世為天下法言而世為天下則』中庸

夫以一箇私人出其真的全人格以大活動而易天下『自生民以來未有盛於孔子也』孟子 夫儒家固以政

治教育合一為職志者也故孔子終身為教育活動即終身為政治活動也故曰『是亦為政奚其為政』也 文

第二十章　生計問題

道家蓋不認生計問題為政治問題彼宗以『見素抱樸少私寡欲』為教謂

『五色令人目盲五音令人耳聾五味令人口爽馳騁畋獵令人心發狂難得之貨令人行妨』

其旨在教人盡黜物質上欲望果能爾者則生計當然不成問題雖然彼固欲人之『甘其食美其服』而又欲

其『復結繩而治老死不相往來』一章之中而兩種事實已衝突實不徹底之談也但彼宗既置此問題於不

論不議之列則吾儕研究此問題時亦可置彼宗於不論不議之列

先秦諸哲言生計者法家特注重生產問題儒家特注重分配問題墨家則兩方面皆顧及而兩方面皆不甚貫

澈此其大較也

法治主義之最初實行者自李悝而在我國生計學史上始用科學的精密計算法以談生計政策者卽李悝也

漢書食貨志記其學說之大概曰

『李悝爲魏文侯作盡地力之敎以爲地方百里提封九萬頃除山澤邑居參分去一當田六百萬畝治田勤

謹則畝益三升不勤則損亦如之地方百里之增減輒爲粟百八十萬石矣

又曰糴甚貴傷民甚賤傷農民傷則離散農傷則國貧故甚貴與甚賤其傷一也善爲國者使民無傷而農益

勸今一夫挾五口治田百畝歲收畝一石半爲粟百五十石除十一之稅十五石餘百三十五石食人月一石

半五人終歲爲粟九十石餘有四十五石石三十爲錢千三百五十除社閭嘗新春秋之祠用錢三百餘千五

十衣人率用錢三百五人終歲用千五百不足四百五十〔案注曰少四百五十不足也〕

與此此農夫所以常困有不勸耕之心而令糴至於甚貴者也是故善平糴者必謹觀歲有上中下熟上熟

其收自四百餘石〔張晏曰平歲百畝收百五十石今大熟四倍收六百石〕中熟自三餘三百石下熟自倍餘百石小饑則收百石中饑

七十石大饑三十石故大熟則上糴三而舍一中熟則糴二下熟則糴一使民適足賈〔同價〕平則止小饑則發小

孰之所斂中饑則發中孰之所斂大饑則發大孰之所斂而糶之故雖遇饑饉水旱糴不貴而民不散取有餘

以補不足也行之魏國國以富强

此爲我國最古之生計學說吾故錄其全文如右此學說之要點有二一曰『盡地力』所以獎厲私人生產也

二曰「平糴」所以行社會政策用政府之力以劑私人之平也當時主要生計惟農業故所規畫亦限於此戰

國中葉以後工商業驟昌兼幷盛行而農益病於是言生計者

分重農主義重商主義之兩派商君書蓋重農派之作品也管

子中一部分則重商派作品也商君書曰

> 管子商君書皆戰國末年人所作非管仲
> 商鞅自著·說已見前·管子尤庬雜各派學
> 說皆雜收·卽以生計學論·亦重農重商參
> 半也。

「重關市之賦則農惡商商有疑惰之心農惡商商疑惰則

草必墾矣以商之口數使商令之斯與徒重商者必當名·此有三

則農逸而商勞農逸則良田不荒商勞則去商……則草必墾矣……」墾令篇

書中此類文甚多茲不枚舉蓋商君書爲秦人所作秦開化較晚宜以農

立國而不以工商故重農主義行焉當時各國又皆以民寡爲病故人口

問題又爲言生計者所最重視商君書中有專篇以論此政策其言曰

> 當時人口問題與瑪爾校士人
> 口論所研究者正相反·瑪氏患
> 人多·當時患人少也。

「今秦之地方千里者五而穀土不能處二田數不滿百萬其藪澤谿

谷名山大川之材物貨寶又不盡爲用此人不稱土也秦之所與鄰者三晉也所欲用兵者韓魏也彼士狹而

民衆其宅參居而幷處其寡萌賈息民上無通名下無田宅而恃姦務末作……此其士之不足以生其民也

以同有過秦民之不足以實其土也……今王發明惠諸侯之士來歸者……復之三世無知軍事……今以

草茅之地來三晉之民而使之事本此其損敵也與戰勝同實而秦得之以爲粟此反行兩登之計也」來民篇

秦人蓋實行此政策卒以富強而幷天下焉同時有相反的學說盛於齊齊開化較早自春秋以來已「冠帶衣

政治思想史　　飲冰室專集之五十

『履天下』工商業爲諸國冠故齊人所撰管子含有重商主義的傾向其言曰〔史記貨殖傳文〕

『黃金者用之量也辨於黃金之理則知侈儉知侈儉則百用足矣故儉則傷事侈則傷貨儉則金賤金賤則事不成故傷事侈則金貴貨賤故傷貨』〔立政篇〕

又曰

『五穀食米民之司命也黃金刀幣民之通施也故善者執其通施以御其司命故民力可得而盡也』〔國蓄篇〕

彼宗以爲貨幣有衡駁百物之性能而糧食之在百物中其性質又最爲特別（今世治生計學者仍認糧食爲特種貨物不能僅以一般貨物之原則支配之）能善筭兩者之鍵而操縱之則可以富國彼宗以爲豪強兼幷之弊皆由私人操縱此兩者而起其言曰

『歲有凶穣故穀有貴賤令有緩急故物有輕重然而人君不能治〔案言政府故使蓄賈之富商也〕游市〔案言游手之市也〕乘民之不給百倍其本分地若一強者能守分財若一智者能收智者有什倍人之功〔房注云愚者有一取什倍計也〕不虔本之事猶貸也〔案謂貧富相去百倍也〕夫民富則不可以祿使也貧則不可以罰威也法令之不行萬民之不治由貧富之不齊也』〔同上〕

彼宗以爲若一任私人之自由競爭則富商奸儈以智術操縱必至兼幷盛行而貧富日以懸絕政府苟『不能鈞均羨也不足以調民事則雖強本趣耕且鑄幣無已乃今使民下相役耳〔房注云徒使豪強侵奪〕惡能以爲治乎』〔國蓄篇〕然則救濟之法奈何彼宗曰

『凡輕重之大利以重射輕以賤泄平萬物之滿虛隨財准平而不變衡絕則重見人君知其然故守之以准

平……未耕器械鍾饟糧食畢取贍於君故大賈蓄家不得豪奪吾民矣……

凡五穀萬物之主也穀貴則萬物必賤穀賤則萬物必貴兩者爲敵則不俱平故人君御穀物之逆相勝而操

事於其不平之間……」國蓄篇

其所主張之政策以今語說之則「資本國有」「商業官營」是已不特此也彼宗更主張鹽鐵兩種工業悉

歸國有卽以爲國家收入之財源其言曰

『桓公問於管子曰吾欲藉於臺雉案築物謂臺建何如管子對曰此毀成也吾欲藉於樹木管子對曰此伐

生也吾欲藉於六畜管子對曰此殺生也吾欲藉於人何如管子對曰此隱情也桓公曰然則吾何以爲國管

子對曰唯「官山海」爲可耳……海王之國謹正鹽筴……十口之家十人食鹽……終月大男食鹽五升

少半大女食鹽三升少半吾子謂小男小女食鹽二升少半……萬乘之國人數開口千萬也禺筴之商曰二

百萬房注云讀爲偶偶對也商計也對其大男大女食鹽之數計之鹽一日計二百萬……月人三十錢之籍爲錢三千萬……使君施令

曰吾將籍於諸君吾子則必嚻號今夫給之鹽筴則百倍歸於上人無以避此者數也

今鐵官之數曰一女必有一鍼一刀若其事立房注云若如然後耕者必有一耒一耜一銚若其事立不爾而成事者

天下無有今鍼之重加一也三十鍼一人之籍也刀之重加六六三十五刀一人之籍也……其餘輕重皆准

此而行然則舉臂勝事無不服籍者……」海王篇

此言將鹽鐵兩業收歸官營卽加其價以爲稅如此旣合於租稅普遍之原則亦使私人無由獨占而罔利也此

種工商業及資本悉歸國有之主張在今日歐洲有已實行者有方在運動鼓吹中者我國則二千年前旣有一

彼宗不徒以此均國內之貧富而已更利用其國家資本主義以從事侵略管子書中造設一史蹟以說明其理

部分學者昌言之矣。

曰

『桓公曰吾欲下魯梁何行而可管子對曰魯梁之民俗爲綈公服綈令左右服之民因令齊勿
敢爲必任於魯梁則是魯梁釋其農事而作綈矣桓公曰諾……管子告魯梁之賈人曰子爲我致綈千匹賜
子金三百斤什至而金三十斤則是魯梁不賦於民財用足也魯梁之君聞之則敎其民爲綈十三月而管子
令人之魯梁魯梁郭中之民道路揚塵十步不相見絏繑而踵相隨……管子曰魯梁可下矣公曰奈何對曰
公宜服帛牽民去綈閉關毋與魯梁通使公曰諾後十月管子令人之魯梁魯梁之民餓餒相及……魯梁之
君卽令其民去綈修農穀不可以三月而得魯梁之民糴十百齊糶十錢二十四月魯梁之民歸齊者十分之
六三年魯梁之君請服』戊輕重篇

此雖未必果爲事實然以說明一種學理則甚明瞭矣夫英國人所以汲汲於殖民帝國之建設而大戰時惴惴
以封鎖爲懼者皆以此也而現代列强所慣用之生計侵略政策亦大率由斯道也
要而論之法家者流之生計政策無論爲重農爲重商要皆立於國家主義基礎之上所謂『我能爲君闢土地
充府庫』孟子所斥爲「民賊」者也雖然確能爲斯學發明許多原則二百年前之歐洲殆未足望其肩背也
墨家對生計問題最注重者亦在生產然其說生產也與消費觀念相連謂消費不枉濫卽所以爲生產也故其
最重要之敎義曰「節用」其節葬非樂非攻諸義皆從此引出其言曰

『聖人爲政一國一國可倍也大之爲政天下天下可倍也其倍之非外取地也因其國家去其無用之費足

以倍之聖王爲政其發令與事使民用財也無不加用而爲者是故用財不費民德不勞……有去大人之好

聚珠玉鳥獸犬馬以益衣裳宮室甲盾舟車之數於數倍乎若則不難』(節用 上)

又曰

『古者聖王制爲節乕之法曰凡天下羣百工……陶冶梓匠使各從事其所能曰凡足以奉給民用則止諸

加費不加於民利者聖王弗爲』(節用 上)

掃除貴族富族之奢侈品而以製造彼等之勞力移諸日用必需品之製造則生産力自可加數倍此墨家生計

學說最主要之點也其大意前既論及今不更贅墨家亦注意人口問題而有一奇異之結論爲曰主張早婚其

言曰

『就爲難倍然人有可倍也昔者先王爲法曰「丈夫年二十毋敢不處家女子年十五毋敢不事

人」……聖王既沒于民次也孫詒讓云次讀爲恣言恣民之所欲資處家者有所二十年處家其欲晚處家者有所四十

年處家以其蚤與其晚相踐(案相踐謂相抵平均也)後聖王之法十年若純三年而字子生可以二三人(今本作年從矣 戴震校改)

』(節用 上)

其說當否別一問題要之與墨家實利主義相一貫也

墨家之專以節用言生計苟子非之其言曰『墨子之言昭昭然爲天下憂不足夫不足非天下之公患也特墨

子之私憂過計也……天下之公患亂傷之也胡不嘗試相與求亂之者誰也我以墨子之非樂也則使天下亂

墨子之節用也則使天下貧非將墮之也說不免焉……故墨術誠行則天下尚儉而彌貧非鬭而日爭勞苦

萃而愈無功憱然憂戚非樂而日不和……篇國苟子本篇之文甚長其所詰難不苦中肯綮故不多引至所

謂「勞苦頓萃而愈無功……」云云則誠中墨術之病墨家蓋不解「勞作能率」之意義也。

苟子所謂「不足非天下之公患」確爲儒家一重要信條孔子曰

「丘也聞有國有家者不患寡而患不均不患貧而患不安故均無貧和無寡安無傾」論語

董仲舒釋之曰

「孔子曰「不患寡而患不均」故有所積重則有所空虛矣大富則驕大貧則憂憂則爲盜驕則爲暴此衆

人之情也聖者則於衆人之情見亂之所從生故制人道而差上下也使富者足以示貴而不至於驕貧者

足以養生而不至於憂以此爲度而調均之是以財不匱而上下相安」春秋繁露調均篇

儒家言生計專重二「均」字其目的則在裁抑其所積重而酌劑其所空虛故精神最注分配問題然於生產

消費諸問題亦並不抛卻其言曰

「生之者衆食之者寡爲之者疾用之者舒則財恆足矣」大學

此十六字者語雖極簡然於生計原理可謂包舉無遺儒家言生計學專以人民生計或社會生計爲主眼至於

國家財政則以爲只要社會生計問題得正當解決財政便不成問題故冉有言志曰

「可使足民」語論

有若對魯哀公問曰

『百姓足君孰與不足百姓不足君孰與足』論

至如法家者流之富國政策儒家蓋以毫不容赦的態度反對之故曰

『與其有聚斂之臣寧有盜臣此謂國不以利爲利以義爲利也長國家而務財用者必自小人矣彼爲善之

小人之使爲國家菑害並至雖有善者亦無如之何矣此謂國不以利爲利以義爲利也』大學

又曰

『君不鄉道不志於仁而求富之是富桀矣』孟子

古代君主與國家界限不分明富國即無異富君所謂『地之生財有時民之用力有倦而人君之欲無窮以有

時與有倦養無窮之君而度量不生於其間則上下相疾也』管子體儒家所以反對富國者蓋在此點不寧惟

是卽如現代所謂國家主義者其財政雖非以供君主之內府然亦當『取諸民有制』文孟子蓋有所謂積重必有

所空虛積重於君主積重於人民中之一部分私人固不可積重於國家則空虛

必中於箇人以國家吞滅箇人結局亦非國家之利也此儒家所以反對『長國家而務財用』也

儒家言生計不採干涉主義以爲國家之職責惟在『勤恤民隱而除其害』凡足以障礙人民生產力者或足

以破壞分配之平均者則由國家排除之防止之餘無事焉如是聽人民之自爲謀彼等自能『樂其樂而利其

利』也故曰

又曰

『不違農時穀不可勝食也數罟不入洿池魚鼈不可勝食也斧斤以時入山林材木不可勝用也』孟子

「兼足天下之道在明分……兼而覆之兼而愛之兼而制之歲雖凶敗水旱使百姓無凍餒之患則是聖君賢相之事也」荀子富國篇

儒家對生計問題之主要精神略如此至於其發為條理者如孟子言井田荀子言度量分界已散見前章不復具論焉

第二十一章　鄉治問題

歐洲國家積市而成中國國家積鄉而成此彼我政治出發點之所由歧亦彼我不能相學之一大原因也是故

我國百家之政論未有不致謹於鄉治者其在道家彼所理想之社會所謂

『小國寡民……雞犬之聲相聞其民老死不相往來』老子

此則無數世外桃源之村落而已其在墨家所謂

『里長里之仁人……鄉長鄉之仁人……』墨子尚同篇

蓋一切政治教化皆以鄉與里為基本也其在法家則言鄉治益纖悉周備矣管子曰

『野與市爭民……鄉與朝爭治』權修篇

『朝不合眾鄉分治也』同上

若歐洲之今日蓋市盡奪野之民即中國之今日亦朝盡攘鄉之治者也吾儕讀管子此數句極簡之文字纔歎

其在千歲之上乃道出今日全人類之時敞若睹火也其鄉治之規模奈何彼書曰

「分國以為五鄉，鄉為之師，分鄉以為五州，州為之長，分州以為十里，里為之尉，分里以為十游，游為之宗，十家為什，五家為伍，什伍皆有長焉，築障塞匿一道路博出入，審閭閈慎筦鍵藏于里尉，置閭有司以時開有司觀出入者以復于里尉，凡出入不時衣服不中圈屬羣徒不順於常者，閭有司見之復無時，若在長家子弟臣妾屬役賓客則里尉以譙于游宗，游宗以譙于什伍什伍以譙于長家，譙敬而勿復一再則宥三則不赦，凡孝弟忠信賢良儁材若在長家子弟臣妾屬役賓客則什伍以復于游宗，游宗以復于里尉，里尉以復于州長，州長以計于鄉師，鄉師以著于士師⋯⋯三月一復六月一計十二月一著，凡上賢不過等使能不兼官罰有罪不獨及賞有功不專與焉⋯⋯」

政篇立

管子

又曰：

「政既成鄉不越長，朝不越爵，罷士無伍，罷女無家，士三出妻逐於境外，女三嫁入於春穀，是故民皆勉於為善，士與其為善於鄉，不如為善於里，與其為善於里，不如為善於家，是故士莫敢言一朝之便⋯⋯皆有終身之功⋯⋯是故匹夫有善可得而舉有不善可得而誅政成國安以守則固以戰則強」

管子小匡篇

「吾觀於鄉而知王道之易易也」

鄉飲酒義

此種制度是否曾全部實行雖不敢斷言即以理想論其高尚周密則既可師矣，其在儒家孔子云：

論語鄉黨篇記「孔子於鄉黨恂恂如也似不能言者」「鄉人飲酒杖者出斯出矣」「鄉人儺朝服而立於阼階」可謂孔子極喜為鄉村的生活儒家好禮而其所常習之禮則鄉飲酒與鄉射也故司馬遷謁孔林時猶

見孔門後學「習鄉飲鄉射於孔子冢」史記孔子世家文孔子鄉飲以教讓鄉射以教爭蓋其人格教育之第一步在此焉

故曰『觀鄉而知王道之易易也』孟子井田之制其目的亦以善鄉治故曰．

『死徙無出鄉鄉田同井出入相友守望相助疾病相扶持則百姓親睦』

漢儒衍其意以構成理想的鄉治社會曰．

『夫飢寒並至雖堯舜躬化不能使野無寇盜貧富兼幷雖皋陶制法不能使強不陵弱是故聖人制井田之

法而口分之一夫一婦受田百畝．．．．．五口爲一家公田十畝．．．．．廬舍二畝半八家．．．．．共爲一井故曰井

田．．．．．

井田之義一曰無泄地氣二曰無費一家三曰同風俗四曰合巧拙五曰通財貨因井田以爲市故曰市井．．．

．．．別田之高下善惡分爲三品．．．．．肥饒不得獨樂墝埆不得獨苦故三年一換土易居．．．．．是謂均民力．

在田曰廬在邑曰里一里八十戶八家共一巷中里爲校室選其耆老有高德者名曰父老其有辯護伉健者

爲里正皆受倍田得乘馬父老比三老孝弟官屬里正比庶人在官者

民春夏出田秋冬入保城郭田作之時父老及里正旦開門坐塾上晏出後時者不得出暮不持樵者不得入．

五穀畢入民皆居宅里正趨緝績男女同巷相從夜績至於夜中故女功一月得四十五日作從十月盡正月

止男女有所怨恨相從而歌飢者歌其食勞者歌其事．

男年六十女年五十無子者官衣食之．

使之民間求詩鄉移於邑邑移於國國以聞於天子故王者不出牖戶盡知天下所苦不下堂而知四方．

十月事訖父老敎於校室八歲者學小學十五者學大學其有秀者移於鄉學．．．．．

三年耕餘一年之畜九年耕餘三年之積三十年耕有十年之儲雖遇唐堯之水殷湯之旱民無近憂四海之

內莫不樂其業故曰什一行而頌聲作矣』公羊傳宣十五何注十

此種社會制度曾否實現能否全部實行自屬別問題要之在物質生活上採合作互助的原則在精神生活上

以深厚真摯之同情心為之貫注儒家所夢想之『美善相樂』的社會此其縮影矣嗚呼今世社會主義者流

有從事於新村生活之創造者亦何莫非理想夫天下固先有理想而後有事實也儒家之鄉治精神其或實現

於今日以後也

第二十二章　民權問題

民權之說中國古無有也法家尊權而不尊民儒家重民而不重權道墨兩家此問題置諸度外故皆無稱焉今

所欲論者各家對於「民眾意識」其物作何觀察作何批評作何因應而已

道家言『非以明民將以愚之』言『民之難治以其智多』老其絕對的不承認人民參與政治甚明彼宗實

際上殆認政府為不必要則不參政者又非獨人民也已然彼宗以自由為教由理論推之人民欲自由參政者，

固當非所禁

墨家主張『上同而不敢下比』一國之人上同於國君天下之人上同於天子彼宗絕不認箇人之自由權其

所創造者為教會政治則人民參政當然亦不成問題但彼宗以平等為教主張『智者為政乎愚者』然則八

民中之「智者」當然認為應「為政」者也

法家中之正統派（韓非一派）當然不認民權彼輩言『民可與樂成難與慮始』商君書言『民智不可用猶嬰兒之心』顯學篇則民除守法之外不容有所參與也明矣雖然彼宗著述中有雜用他宗之言者則論旨又有別尹文子云

『己是而舉世非之則不知己之是己非而舉世是之亦不知己之所非然則是非隨衆賈同價而爲正非己所獨了則犯衆者爲非順衆者爲是』

此論最能說明所謂「民衆意識」與所謂「輿論」者之眞性質民衆意識及輿論不必其合於理性也雖然在某期間內某種羣衆中其意識之相摩以成與論也則勢力至偉而不可禦夫政治之美與善本無絕對的標準然則就是非亦只有聽諸「當時此地」羣衆之評價耳故曰『是非隨衆價以爲正非己所獨了』也是故富於才術之政治家恆必乘「衆價」以展其懷抱而富於責任心之政治家時亦不惜抗「衆價」以自招失敗尹文此言則爲乘衆價者言之也彼又曰

『爲善使人不能得從此獨善也爲巧使人不能得從此獨巧也未盡善巧之理爲善與衆能之此善之善者巧之巧者也所貴聖人之治不貴其獨治貴其能與衆共治貴其工倕之巧不貴其獨巧貴其能與衆共巧也……獨行之賢不足以成化獨能之事不足以周務出羣之辯不可以戶說絕衆之勇不可與征陣……是以聖人……立法以理其差使賢愚不相棄能鄙不相遺能鄙不相遺則能鄙齊功賢愚不相棄則賢愚等慮……』

尹文此論深有理致彼蓋欲將法治主義建設於民衆的基礎之上也近世學者或言羣衆政治能使政治品質

降低。此語確含有一面眞理蓋羣衆之理性本視箇人爲低下。法人盧梭所著羣衆心理最能發明此義。故『媚於庶人』詩經之治。

非治之至焉者也雖然政治又安能離羣衆而行。『獨能之事不足以周務絕衆之勇不足以征陣』此事實所

不能不承認者也然則『與衆共治』之原則固無往而得避也既已與衆共治則只能以『能鄙齊功賢愚等

慮』自甘現代歐美之民衆政治蓋全在此種理論上維持其價值尹文所倡亦猶是也。

管子書中有對於羣衆爲極高之評價者其言曰。

『夫民別而聽之則愚合而聽之則聖雖有湯武之德復合於市人之言是以明君順人心安情性而發於衆

心之所聚是以令出而不稽刑設而不用先王善與民爲一體與民爲一體則是以國守國以民守民也然則

民不便爲非矣。』君臣上篇

又曰。

『齊桓公問管子曰吾念猶欲……有而勿失。……爲之有道乎對曰……毋以私好惡害公正察民所惡以自爲

戒黃帝立明臺之議者上觀於賢也堯有衢室之問者下聽於人也。……桓公曰吾欲效而爲之其名云何對

曰名曰『嘖室之議』房注云訓議論者言語讙譁論桓公問篇

管子書本儒墨道法羣言雜糅以上兩段吾儕不能認爲法家言毋寧謂其祖述儒家也其所言『民別而聽之

則愚合而聽之則聖』認民衆意識之品質視箇人爲高其當否且勿論要之極認識民意價值之言也所云『

嘖室之議』則竟主張設立法定的民意機關矣雖其性質非必與現代議會同且在歷史上亦未嘗實現然固

不可不謂爲一種穎異之理想也。

今最後所欲論者儒家對於茲事態度如何儒家以政治設施當以民意爲標準其主張甚爲堅決明瞭如

『民之所好好之民之所惡惡之此之謂民之父母』大

類此之語儒書中不可枚舉惟人民是否應自進以參與政治其參與政治方法如何孔子蓋未嘗明言論語有

『民可使由之不可使知之』

二語或以爲與老子「愚民」說同爲孔子反對人民參政之證以吾觀之蓋未必然「不可」二字似當作「

不能歟」解不當作「不應該」解孟子曰

『行之而不著焉習矣而不察焉終身由之而不知其道者衆矣』

此章正爲彼文注脚『可以有法子令他們依著這樣做卻沒有法子令他們知道爲什麼這樣做』此即『民

可使由不可使知』之義也例如『愼終追遠民德歸厚』『故舊不遺則民不偸』使民厚使民不偸此所謂

『可使由之』也何以愼終追遠便能厚何以故舊不遺便不偸此其理苦難說明故曰『不可使知』也儒家

無論政治談教育談其第一義皆在養成良習慣夫習慣之養成全在『不著不察』中所謂『徙善遠罪而不

自知』故『終身由而不知』乃固然也然則欲以彼二語構成儒家反對民權之讞者非直寃酷亦自形其淺

薄也

然則儒家主張民權之證據有之乎曰亦無有也民權云者人民自動以執行政權之謂儒家雖言『保民而王

』言『得乎邱民而爲天子』要之以民爲受治之客體非能治之主體也彼宗固極言民意之當尊重然並不

謂對於民意悉當盲從孔子曰

『衆好之必察焉衆惡之必察焉』

孟子曰

『國人皆曰賢然後察之……國人皆曰不可然後察之……』

儒家之意以爲政治家之眼光當常注視輿論又當常自出其理性以判斷而愼採之『善鈞從衆』蓋彼宗之

最大信條也夫採納民意尚須以『必察』爲條件則純粹民意之直接統治不爲彼宗所敢妄贊有斷然矣

然則儒家果盡然將國人分爲能治與受治之兩階級乎曰是殆然是又殆不然儒家有所謂能治的階級乎曰

有之其名曰『君子』一切政治由『君子』出此儒家唯一的標幟偏徵諸儒皆而可信者也顧所最當注意

者『君子』非表示地位之名詞乃表示品格之名詞換言之則『君子』者人格完成之表稱也與『君子』

相對者爲『小人』謂人格未成如幼小之人也雖民權極昌之國家亦必以成人爲參政之標準未有賦予未

及齡之『小人』以參政權者儒家亦然專以成人爲參政之標準不過所謂成人者非生理上之成人乃人格

上之成人耳儒家以爲人格未成之『小人』而授之以政譬猶未能操刀之『小人』而使割也其傷實多

嗚呼今之中華民國冒民權之名以亂天下者豈不以是耶儒家之必以人格的成人爲限制其爲

可以已

然則此限制爲固定的乎曰是蓋不待問而有以知其不然地位可以有固定品格不能有固定儒教最終之目

的在『教化流行德澤大洽使天下之人人有士君子之行』（春秋繁露俞序篇）夫天下人人皆成爲『君子』則儒家

『全民政治』實現之時矣

然則如何而能使人人有士君子之行耶吾固屢言之矣人格者通彼我而始得名者也故必人格共動互發乃
能馴致人格之完成『己欲立而立人己欲達而達人』『一日克己復禮天下歸仁焉』是亦在『仁以為己
任』之君子而已矣。

第二十三章　結論

讀以上諸章可知先秦諸哲之學術其精深博大為何如夫此所語者政治思想之一部分耳他多未及而其足
以牖發吾儕者已如此『今之少年喜謗前輩』或撫拾歐美學說之一鱗一爪以為抨擊之資動則『詆其祖
』曰『昔之人無聞知』嘻『何其傷於日月乎多見其不知量也』

姑舍是吾儕今日所當有事者在『如何而能應用吾先哲最優美之人生觀使實現於今日』此其事非可以
空言也必須求其條理以見諸行事非可恃先哲之代吾儕解決也必須當時此地之人類善自為謀今當提出
兩問題以與普天下人士共討論焉

其一精神生活與物質生活之調和問題吾儕確信『人之所以異於禽獸者』在其有精神生活但吾儕又確
信人類精神生活不能離卻物質生活而獨自存在吾儕又確信人類之物質生活應以不妨害精神生活之發
展為限度太豐妨焉太嗇亦妨焉應使人人皆為不豐不嗇的平均享用以助成精神生活之自由而向上吾儕
認儒家解答本問題正以此為根本精神於人生最為合理道家之主張『無欲』墨家之主張『自苦』吾儕
固認為不可行但如道家中楊朱一派及法家中之大多數所主張一若人生除物質問題外無餘事則吾儕決

不能贊同吾儕認物質生活不過爲維持精神生活之一種手段決不能以之占人生問題之主位是故近代歐

美是流行之「功利主義」「唯物史觀」……等等學說吾儕認爲根柢極淺薄決不足以應今後時代之新

要求雖然吾儕須知現代人類受物質上之壓迫其勢力之暴迥非前代比科學之發明進步爲吾儕所不能拒

且不應拒而科學物與之結果能使物質益爲畸形的發展而其權威亦益猖獗吾儕若置現代物質情狀於不

顧而高談古代之精神則所謂精神者終久必被物質壓迫全喪失其效力否亦流爲形式以獎虛僞已耳然則

宗唯物派之說遂足以解決物質問題乎吾儕又斷言其不可能現代物質生活之發展屬於物質其原因發於物

界者固半發於心界者亦半近代歐美學說——無論資本主義者社會主義者流皆獎厲人心以專從物質

界討生活所謂『以水濟水以火濟火名之曰益多』是故雖百變其途而世之不靈且滋甚也吾儕今所欲討

論者在現代科學昌明的物質狀態之下如何而能應用儒家之「均安主義」（用論語文意）使人人能在當時生計

之環境中得不豐不殺的物質生活實現而普及換言之則如何而能使吾中國人免蹈近百餘年來歐美計

組織之覆轍不至以物質生活問題之糾紛妨害精神生活之向上此吾儕對於本國乃至對於全人類之一大

責任也

其二箇性與社會性之調和問題宇宙間曾無不受社會性之影響束縛而能超然存在的箇人亦曾無不藉箇

性之繹演推盪而能塊然具存的社會而兩者之間互相矛盾互相妨礙之現象亦所恆有於是對此問題態度

當然有兩派起焉箇人力大耶社會力大耶必先改造箇人方能改造社會耶必先改造社會方能改造箇人耶

認社會爲箇人而存在耶認箇人爲社會而存在耶據吾儕所信宇宙進化之軌則全由各箇人常出其活的心

力改造其所欲至之環境然後生活於自己所造的環境之下儒家所謂「欲立人欲達達人」「能盡其性
則能盡人之性」全屬此旨此爲合理的生活毫無所疑墨法兩家之主張以機械的整齊箇人使同冶一爐同
鑄一型結果至箇性盡被社會性吞滅此吾儕所斷不能贊同者也雖然吾儕當知古代社會簡而小今世社會
複而龐複而龐之社會其威力之足以壓迫箇性者至偉大在惡社會之下則良的箇性殆不能以自存議會也
學校也工廠也……凡此之類皆大規模的社會組織以箇人納其間眇若太倉之一粟吾儕既不能絕對的主
張性善說當然不能認箇人集合體之羣衆可以無所待而止於至善然則以客觀的物準整齊而畫一之安得
不謂爲持之有故言之成理彼含有機械性的國家主義社會主義所以大流行於現代固其所也吾儕斷不肯
承認機械的社會組織爲善美然今後社會日趨擴大日趨複雜又爲不可逃避之事如何而能使此日擴日
複之社會不變爲機械的使箇性中心之「仁的社會」能與時勢駢進而時時實現此又吾儕對於本國乃至
全人類之一大責任也
吾確信此兩問題者非得合理的調和末由拔現代人生之黑暗痛苦以致諸高明吾又確信此合理之調和必
有塗徑可尋而我國先聖實早予吾儕以暗示但吾於其調和之程度及方法日來往於胸中者十餘年矣始終
蓋若或見之若未見之孔子曰『不憤不啓不悱不發』孟子曰『有終身之憂無一朝之患也乃若所愛則有
之』嗚呼如吾之無似其能藉吾先聖哲之微言以有所靖獻於斯世耶吾終身之愛何時已耶吾先聖哲偉大
之心力其或終有以啓吾憤而發吾悱也

附錄　先秦政治思想

（在北京法政專門學校五四講演）

一

先秦政治思想有研究的價值嗎政治是現代的是活的研究政治的人研究到二千年前書本上的死話他們

的社會組織和我們不同他們所交接的環境和我們不同研究他們的思

想有什麼用處呢不錯我且問歐美的社會組織和我們同嗎所交接的環境和我們同嗎所要解決的問題和

我們同嗎我們為什麼要研究歐美政治思想須知具體的政治條件是受時間空間限制的抽象的政治原則

是不受時間空間限制的『政治學』是要發明政治原則再從原則上演繹出條件來那麼凡關於講政治原

則的學說自然都是極好的研究資料沒有什麼時代的區別和地方的區別所以我覺得研究先秦政治思想

和研究歐美政治思想兩樣的地位和價值都差不多說是空話都是空話說有實用都有實用

政治是國民心理的寫照無論何種形式的政治總是國民心理積極的或消極的表現積極的表現是國民心

目中有了某種理想的政治努力把他建設起來消極的表現是國民對於現行政治安習他默認他凡一種政

治所以能成立能存在不是在甲狀態之下即是在乙狀態之下所以研究政治最要緊的是研究國民心理要

改革政治根本要改革國民心理國民心理固然是會長會變但總是拿歷史上遺傳做根核遺傳的成分種類

政治思想史　飲冰室專集之五十

很多而以先代賢哲的學說爲最有力因爲他們是國民心中的偶像國民崇拜他們他們說的話像一顆穀種

那麼小一代一代的播殖在國民心中他會開枝發葉成一大樹所以學政治的人對於本國過去的政治學說

絲毫不能放過的固然要發揚他壞的也要察勘他要看清楚國民心理的來龍去脈纔能對證下藥

『先秦』這個名詞指的是春秋戰國時代那時代是中國歷史上變動最劇的時代當所謂諸夏所謂夷狄

以同一速率的發展惹起民族大混合社會組織把一種異樣的社會組織擾進來經濟狀況日日變動人口比

數波瀾起伏中間還有好幾個國屬於別系文化從封建制度全盛以至崩壞從貴族階級成立以至消滅經無

從前加增交通比從前頻繁工商業漸漸發生大都市漸漸成立土地由公有變爲私有幾個大國對立一面務

力保持均勢一面各求自己勢力增長政治上設施常常取競走態度經唐虞三代以來一千多年文化的蓄積

根柢已很深厚到這時候常情發洩加以傳播思想的工具日益利便國民交換智識的機會甚多言論又極自

由介以上種種原因所以當時思想界異常活潑異常燦爛不惟政治各方面都是如此我們的民族性又是最

重實際的無論那一派的思想家都以濟世安民爲職志差不多一切議論都歸宿到政治所以當時的政治思

想真算得百花齊放萬壑爭流後來從秦漢到清末二千年間都不能出其範圍我們若研究過去的政治制度

政治狀態自然時代越發近越發重要若研究過去的政治思想僅拿先秦做研究範圍也就夠了

二

先秦學派最有力的四家．一儒家二道家三墨家四法家先秦政治思想有四大潮流．一無治主義二人治主義．

一八六

三 禮治主義四法治主義把四潮流分配四家系統如下

無治主義 ── 道家

禮治主義 ── 儒家

人治主義 ── 墨家

法治主義 ── 法家

無治主義等於無政府主義是道家所獨倡有許多行一派後人別立一名叫做農家其實不過道家支流這種主義結果等於根本取消政治所以其餘三家都反對他但他的理想卻被後來法家採用一部分去禮治主義是儒家所獨有其餘三家都排斥他但儒家實是人治禮治並重他最高的理想也傾向到無治惟極端的排斥法治人治主義本來是最素朴平正的思想所以儒墨兩家因爲帶宗敎氣味最深所以他的人治也別有一種色彩然而專講人治到底不能成爲一派壁壘所以墨家的末流趨到法治法治主義是最後起最進步的因這個主義纏成了一個法家的學派名稱其實這一派的學說也可以說是將道儒墨三家之說鎔鑄而成

我們要研究四家的政治學說墨家的書只有一部墨子道家的書向來以老子列子莊子三部爲中心列子是僞書應該剔去莊子談政治的地方甚少可以不看最主要的還是一部老子儒家的書以論語孟子荀子爲中心禮記裏頭也有許多補助資料法家的書以尹文子韓非子管子和商君書雖然不是管仲和商鞅所作卻是法家重要典籍應該拿來參考我這回講義的取材就以這幾部書爲範圍

先秦 政治思想史

三

在分講這幾個主義以前先講各家共通的幾點。這幾點或者就可以認為中國人政治思想的特色。

第一。中國人深信宇宙間有一定的自然法則把這些法則適用到政治便是最圓滿的理想政治這種思想

發源甚古我們在書經詩經裏頭可以發見許多痕跡書經說

『天敍有典勑我五典五惇哉。天秩有禮自我五禮有庸哉。』

『天乃錫禹洪範九疇彝倫攸敍。』

詩經說。

『天生烝民有物有則民之秉彝好是懿德。』

『不識不知順帝之則』

所謂『天』其實是自然界代名詞老子所謂『道法自然』孔子所謂『天垂象聖人則之』墨子所謂『立

天志以為儀式』都是要把自然界的理應用到人事這一點是各派所同認惟實現這自然法則的手段各家

不同主張無治主義的以為只要放任人民做去他會循自然法則而行稍為干涉便違反自然了主張人治主

義的以為這抽象的自然法則要有個具體的人去代表他得這個人做表率自然法則便可以實現主張禮治

主義的以為要把這自然法則演出條目來靠社會的制裁力令人遵守主張法治主義的以為社會的制裁力

還不夠要把這些自然法則變為法律用國家的制裁力實行他四派的分別在此

我們試檢查這種根本思想對不對有無流弊頭一件先問自然法則到底有無說有能用什麼標準把他們找出來找出來是否眞對這兩個問題我們都有點難於答覆我們的先輩既已深信有自然法則而且信那自然法則是普徧的固定的所以思想不知不覺就偏於保守養成傳統的權威這是第一種流弊認自然爲至善的境界主張人類要效合他效法他容易把人的個性壓倒這是第二種流弊好在客觀的自然法則總要經過人類主觀的關門纏表現出來人類對於自然界的觀念常常會變遷會進步他所認的自然法則也跟着變遷進步所以這種思想若能善於應用也不見得有多大毛病

第二君位神授君權無限那一類學說在歐洲有一個時代很猖獗我們的先哲大抵都不承認他是合理的我們講國家起源頗有點和近世民約說相類可惜只到霍布士洛克一流的見地沒有到盧騷的見地這也是時代使然不足深怪人類爲什麼要有國家呢國家爲什麼要有政府呢政府爲什麼要一個當首長呢對於這個問題各家的意見都不甚相遠這種意見像是在遠古時代已經存在的

論語記堯舜傳授的話說

「允執其中四海困窮天祿永終」

左傳記師曠的話說

「天生民而立之君使司牧之豈其使一人恣於民上」

這種學說相傳很久後來各家論政治起源大率根本此說以爲國家之建設實起於羣衆意識的要求例如儒家說

「水火有氣而無生草木有生而無知禽獸有知而無義人有氣有生有知亦且有義故最爲天下貴也力

先秦 政治思想史

飲冰室專集之五十

不若牛走不若馬而牛馬爲用何也曰人能羣彼不能羣也人何以能羣曰分……故人生不能無羣羣而

無分則爭爭則亂亂則離離則弱弱則不能勝物君者善羣者也』荀子王制篇

墨家說

『古者民始生未有刑政之時蓋其語人異義是以一人則一義二人則二義十人則十義其人茲衆其所謂義者亦茲衆是以人是其義以非人之義故交相非也是以內者父子兄弟作怨惡離散不能相和

合天下百姓皆以水火毒藥相虧害至有餘力不能以相勞腐朽餘財不以相分……明夫天下之亂生於

無政長是故選天下之賢可者立以爲天子……』墨子尚同篇

法家說

『古者未有君臣上下之別未有夫婦妃匹之合獸處羣居以力相征於是智者詐愚強者淩弱老幼孤弱

不得其所故智者假衆力以禁強虐而暴人止……是故國之所以爲國者民體以爲君之所以爲君者

賞罰以爲君』管子君臣篇

又說

『天地設而民生之當此之時也民知其母而不知其父其道親親而愛私親親則別愛私則險民生衆而

以別險爲務則有亂當此之時民務勝而力征務勝則爭力征則訟訟而無正則莫得其性也故賢者立中

設無私而民日仁當此時也親親廢上賢立矣凡仁者以愛利爲務道而賢者以相出爲務民衆而無制久

而相出爲道則有亂故聖人承之作爲土地貨財男女之分分定而無制不可故立禁禁而莫之司不可故

一九〇

「立官設官而莫之一不可。故立君既立其君則上賢廢而貴貴立矣。」商君書開塞篇

各家之說皆為救濟社會維持安寧秩序起見不得不建國不得不立君苟子所注重者在人類征服自然有感互助之必要乃相結為羣而立君以為司之故『君』實以『羣』得名墨子則以為欲齊壹社會心理形成社會意識所以有立君的必要管子所說和諸家大致相同他說『民體以為國』對於『國家以民衆意識為成立基礎』的觀念指點得很明瞭然則國家的首長——即君主從那裏發生出來呢儒家根據『天生民而立之君』的舊說說是由天所命但天是個冥漠無朕的東西此說未免太空泛了墨家說『選天下之賢可者』像是主張君位由選舉產出但選舉機關在那裏選舉程序如何墨家未嘗明言法家的商君書把國家成立分為三階段第一段是血族社會靠『親親』來結合第二段靠『上賢』來結合第三段纔是國家社會卻靠『貴貴』來結合他所說和事實很相近我們拿歐洲歷史——就中日耳曼民族歷史都可以證明各家所說雖小有異同但有一共通精神他們都認國家是由事實的要求纏產生的國家是在民衆意識的基礎之上纏成立的近代歐美人所信仰的三句政府原則——所謂 Of people, for people, by people, 他們確能見到 of, for, 這兩義尤為看得真切所以他們向來不承認國家為一個君主或某種階級所有向來不承認國家為一個君主或某種階級的利益而存在所以他們認革命為一種正當權利易經說

「湯武革命順乎天而應乎人」

孟子說

「殘賊之人謂之一夫聞誅一夫紂矣未聞弒君也。」

這種道理儒家闡發最透各家精神亦大略相同所以中國階級制度消滅最早除了一個皇帝以外在法律之前萬人平等而皇帝也不是什麼『神聖不可侵犯』的東西經濟組織以全國人機會均等為原則像歐洲那種大地主和農奴對峙的現象中國簡直沒有都是由這種學說生出來的影響

第三中國人對於國家性質和政治目的雖看得不錯但怎麼樣纔能貫徹這目的呢可惜沒有徹底的發明申而言之中國人很知民衆政治之必要但從沒有想出個方法叫民衆自身執行政治所謂 By people 的原則中國不惟事實上沒有出現過簡直連學說上也沒有發揮過書經說

『天視自我民視天聽自我民聽』孟子引 泰誓

又說

『以天下之目視則無不見也以天下之耳聽則無不聞也以天下之心慮則無不知也』管子九 守篇

像這種類的話各家書中都有但『民視民聽』怎麼樣纔能表現呢各家都說不出來管子說

『夫民別而聽之則愚合而聽之則聖雖有湯武之德復合於市人之言是以明君順人心安情性而發於衆心之所聚……先王善與民為一體則是以國守國以民守民也』管子君臣篇

這種話原理是說得精透極了但實行方法仍不外勸那『治者』採取那『被治者』的輿論治者相被治者還是打成兩橛尹文子的見解稍為進步些他說

『為善不能使人得從此獨善也為巧不能使人得從此獨巧也未盡善巧之理為善與衆行之為巧與衆能之此善之善者巧之巧者也所貴聖人之治不貴其獨治貴其能與衆共治貴工倕之巧不貴其獨巧貴

其能與衆共巧也。尹文子　大道篇

「與衆共治」一語可以說很帶德謨克拉西色彩。但他是否遜主張民衆進而自治還不很明瞭他又說

「己是而舉世非之則不知己之是己非而舉世是之亦不知己所非然則是非隨衆賈字即價而為己正非己

所獨了。則犯衆者為非順衆者為是」同上

這段話把民衆意識的價值赤裸裸地批判民衆政治好的壞的兩方面確都見到。但他對於這種政治言外含

有不滿之意不見得絕對主張。

第四。中國人說政治總以「天下」為最高目的國家不過與家族同為達到這個最高目的中之一階段儒

家說的「平天下」禮記大學「以天下為一家中國為一人」禮記禮器道家說的「以天下觀天下」老子這類話到處

皆是不必多引了法家像很帶有國家主義的色彩然而他們提倡法治本意實為人類公益起見並不是專為

一個國家所以商君書修權篇說「為天下治天下」而斥「區區然擅一國者」為「亂世」至於墨家越發

明瞭了。

墨子說。

「天兼天下而愛之……天之有天下也譬之無以異乎國君諸侯之有四境之內也……」天志篇

「夫取天之人以攻天之邑此刺殺天民……上不中天之利矣……」非攻篇

墨子說的「天志」說的「兼愛」兼愛篇都是根本於這種理論他的眼中並沒有什麼國家的界限所以他屢說「

視人之國若其國」

這樣看來先秦政治學說可以說是純屬世界主義像歐洲近世最流行的國家主義據我們先輩的眼光看來

覺得很褊狹可鄙所以孔子墨子孟子諸人周遊列國誰採用我的政策我便幫助他從沒聽見他們有什麼祖

國的觀念因為他們覺得自己是世界上一個人並沒有專屬於那一國又如秦國的政治家從由余百里奚起

到商鞅張儀范睢李斯止沒有一個是秦國國籍因為他們覺得世界上一個行政區域（國）應該世界上有

才能的人都有權來共同治理若拿這種愛國思想和他們說他們總覺得是不可解須知歐洲的法蘭西和德意

志當沙里曼大帝時只是一國到今日卻成了幾百年的世仇中國的晉和楚當春秋時割然兩國秦漢以後便

一點界限痕跡都沒有現在若有人說你是山西國民我是湖北國民豈非笑話可見我學說之異同影響於

歷史上事實者至大我們所以能化合成偉大的一個民族很受這種世界主義政治論之賜而近二三十年

來我們摹仿人家的國家主義所以不能成功原因亦由於此所以這派學說在從前適用在將來也會適用在

現在真算最不適用了。

四

前回講的四大潮流現在要分別論他。

無治主義是道家所極力提倡的全部老子可以說有三分之一是政治論他的政治論全在說明無治主義的

理想和作用無治主義如何能在學理上得有根據呢據老子的意思以為人民自己會做自己的事只要隨他

做去自然恰到好處他說。

「民莫之令而自均」

又說。

「我無為而民自化我好靜而民自正我無事而民自富我無欲而民自樸」

這種論調很像亞丹斯密的一派經濟學說以為只要絕對的放任自由自然會得良好結果所以凡帶一點干涉他都反對他說

「夫代大匠斵者希有不傷其手矣」

又說。

「天下神器不可為也為者敗之執者失之」

又說。

「愛民治國能無知乎明白四達能無為乎……生之畜之生而不有為而不恃長而不宰是謂玄德」

這種話對於政治上干涉行為一切皆絕對否認像『代大匠斵必傷其手』這種見解我們不能不承認為含有一面真理我想起歐洲某學者有兩句妙語說英國王統而不治法國總統治而不統」老子『長而不宰』這句話正可以拿『統而不治』來做訓詁

這種絕對自由論調論理他的結論應該歸到人民自治那條路去例如英國王統而不治所以『治』的權自然是歸到人民組織的國會老子卻不是這樣想他以為這樣子還是『為』還是『執』還是『宰』還是『

代鉤』對於無治主義不能貫徹他理想的政治社會是

『小國寡民使有什伯之器而不用使民重死而不遠徙雖有舟輿無所乘之雖有甲兵無所陳之使人復

結繩而用之甘其食美其服安其居樂其俗鄰國相望雞犬之聲相聞民至老死不相往來』

這種主張不獨說人民不應該當被治者並且說不應該當治者因為他根本認『治』是非惡被治和自治在

他眼中原沒甚分別

後世信奉這主義最熱烈的有和孟子同時的許行許行的門徒陳相說

『賢者與民並耕而食饔飧而治今也滕有倉廩府庫則是厲民而以自養也』孟子滕文公上

又說

『從許子之道則市價不二國中無偽雖使五尺之童適市莫之或欺……』同上

我們要問老子許子心目中的『烏託邦』要有什麼先決條件纔能實現呢我們從老子書中察勘得出來他

說

『不尚賢使民不爭不貴難得之貨使民不爲盜不見可欲使民心不亂』

又說

『見素抱樸少私寡欲』

不錯果然能够人人都少私寡欲自然可以鄰國相望……老死不相往來自然用不着甚麼被治自治你說不

尚賢使民不爭他們自己會『尚』起來呀你說不見可使民心不亂拿可欲的給他見固然是干涉一定不

許他見還不是干涉嗎況且他自然會見自然會欲你又從何禁起呢荀子說

『人生而有欲欲而不得則不能無求求而無度量分界則不能不爭爭則亂……』禮記論篇

韓非子亦說

『古者不事力而養足人民少而財有餘故民不爭……今人民衆而貨財寡事力而供養薄故民爭……』五蠹篇

老子的無治主義以人民不爭不亂為前提荀子韓子從經濟上觀察說明老子所希望的不爭不亂萬萬辦不

到孟子駁難許行也是從經濟方面立論老子之徒若不能反駁那麼無治主義算是受了致命傷了

五

人治主義是儒家墨家共同的拿現在的話講就是主張賢人政治孔子說

『為政在人……其人存則其政舉其人亡則其政息』禮記中庸

又說

『修己以安人修己以安百姓』論語

諸如此類不可枚舉孟子說的『法先王』荀子說的『法後王』歸根結底不外人治主義荀子更明目張膽

擡出人治主義和法治主義宣戰說道

『有治人無治法……法不能獨立類不能自行得其人則存失其人則亡……』君道篇

孟子較為帶折衷精神說道

『徒善不足以為政徒法不能以自行』離婁上

然而孟子所謂法不外『遵先王之法』也可以說仍在人治範圍內他說的『行仁政』說的『保民而王』

都是靠賢人做去所謂『苟非其人道不虛行』可以算他最後的結論

墨家的人治主義主張尤為簡單堅決『尚賢』『尚同』是墨家所標主義裏頭很重要的兩種尚賢主義

和老子的『不尚賢使民不爭』恰是反面他主張的理由如下

『……何以知尚賢為政之本也曰自貴且智者為政乎愚且賤者則治自愚且賤者為政乎貴且智者則亂……

『……且夫王公大人……不察其知而以其愛是故不能治百人者使處乎千人之官不能治千人者使

處乎萬人之官……夫不能治千人者使處乎萬人之官則此官什倍也夫治之法將以日至者也日以治

之日不什脩知以治之治不什益而予官什倍此則治其一而棄其九矣……』尚同中

這些話是針對當時貴族政治立言很含有一部分精理拿歐美官署或公司裏頭的辦公人和中國比較他們

的勞力能率總要比我們加好幾倍我們都是『以不能治千人者處萬人之官』我有位朋友曾說兩句話很

妙他說『人人都說中國國民程度不夠我說只有國官程度不夠』墨子這一派尚賢主義可以說現在還該

極力提倡而且我信他永久可以適用

墨子的尚同主義也是從尚賢引申出來而結果益趨於極端他說

又說、

「是故里長者里之仁人也。里長發政里之百姓言曰：『聞善而（或訓汝）不善必以告其鄉長。鄉長之所是必皆是之，鄉長之所非必皆非之。去若（訓汝）不善言學鄉長之善言，去若不善行學鄉長之善行』……鄉長惟能壹同鄉之義，是以鄉治也。

鄉長者鄉之仁人也。鄉長發政鄉之百姓言曰：『聞善而不善必以告國君。國君之所是必皆是之，國君之所非必皆非之……』國君惟能壹同國之義，是以國治也。

國君者國之仁人也。國君發政國之百姓言曰：『……天子之所是必皆是之，天子之所非必皆非之……天子唯能壹同天下之義，是以天下治也。……」（上尚同）

又說、

「明乎民之無正長以一同天下之義而天下亂也。是故選擇賢良聖知辯慧之人立以為天子使從事乎一同天下之義。」天子既以同（已）立矣，以為唯其耳目之請（借字）不能獨一同天下之義，是故選擇天下贊閱賢良聖知辯慧之人置以為三公與從事乎一同天下之義，以為天下博大山林遠土之民不可得而一也，是故靡分天下設以為萬諸侯國君使從事乎一同其國之義……率其國之萬民以尚同乎天子……凡國之萬民上同乎天子而不敢下比，天子之所是必亦是之，天子之所非必亦非之……」（尚同中）

墨子這種主張可以叫做徹底的賢人政治，可以叫做絕對的干涉主義。他要『壹同天下之義』，要『是上之所是非上之所非』，要人人都『上同而不敢下比』，簡直連思想言論的自由都剝奪淨盡了。墨子為什麼信任天子到這種程度呢？他說。

「天子之視聽也神……非神也夫唯能使人之耳目助己視聽使人之吻助己言談使人之心助己思慮

使人之股肱助己動作……」下尚同

他的意思因為天子能尚賢所以可信任尚賢尚同是連帶的理論

墨子的主張要有一個先決條件倘若國君一定是一國的仁人天子一定是天下的仁人那麼這種學說還可

以有相對的成立餘地試問墨子有何方法能夠保證呢墨子說『選舉天下之賢可者立以為天子』不錯選

舉是好極了由甚麼人選舉怎麼選舉法呢選舉出來的人何以靠得住是『天下賢良聖知辯慧』呢可惜

墨子對於這種種問題都沒有給我們滿意的答覆但我們細讀墨子書大略看出他的方法來了墨家是一個

宗教教主自然認為天下最仁賢的人教主死了過後承襲教主道統的也是天下最仁賢的人這個人墨家上

他一個徽號叫做「鉅子」我們從傳記中看見好幾處記鉅子的行動可以看出他在本教中權力如何簡單

說倘若墨教統一中國恐怕要採用歐洲中世羅馬教徒所主張的「法王政治」這種政治教徒當然說是最

好但到底好不好用公平的政治學者眼光看來怕沒有什麼可商量的餘地罷

墨家的人治主義本來太極端不須多辨即儒家之中庸的人治主義可指摘處亦甚多後來法家駁得極透徹

尹文子說

『田子讀書曰堯時太平宋子銒曰聖人之治以致此乎彭蒙在側越次而答曰聖法之治以致此非聖田 宋 彭

人之治也宋子曰聖人與聖法何以異彭蒙曰子之亂名甚矣聖人者自己出也聖法者自理出也理出於

己己非理也己能出理理非己也故聖人之治獨治者也聖法之治則無不治矣」下大道

此言對於人治法治兩觀念根本不同之處，說得最爲明白然則何以見得『聖法之治則無不治』呢．尹文子

又說．

『若使遭賢則治遭愚則亂．是治亂繫於賢愚不係於禮樂是聖人之術與聖主而俱沒治世之法逮易也

而莫用則亂多而治寡……』大道 上

韓非子亦說．

這兩段都是說「人存政舉人亡政息」不是國家長治久安之計最能指出人治主義的根本缺點韓非亦以

大多數的「中人」爲標準說得更爲有力

人治主義派自己辯護或說雖有良法不得人而用之亦屬無效．法治派反駁道

『且夫堯舜桀紂千世而一出……中者上不及堯舜而下亦不爲桀紂抱法……則治背法……則亂背

法而待堯舜至乃治是千世亂而一治也抱法而待桀紂至乃亂是千世治而一亂也……』難勢篇

『……夫曰良馬固車臧獲御之則爲人笑王良御之則日取乎千里吾不以爲然夫待越人之善海游者

以救中國之溺人越人善游矣而溺者不濟矣夫待古之王良以馭今之馬亦猶越人救溺之說也不可亦

明矣夫良馬固車五十里而一置使中手御之追速致遠可以及也而千里可日致也何必待古之王良乎

且御非使王良也則必使臧獲敗之治非使堯舜也則必使桀紂亂之此則積辨累辭離理失實兩未之議

也．』韓非子 難勢篇

這一段說的是「人無必得之券則國無必治之符」政權總是有人把持的希望賢人政治的人碰不着賢人

先秦

政治思想史

政權便落不肖者之手豈不是全糟了嗎法治則中材可守所以穩當。

法治派之駁難人治再進一層說道

『夫言行者以功用爲之的彀者也夫砥礪殺矢而以妄發其端未嘗不中秋毫也然而不可謂善射者無常儀也設五寸之的引十步之遠非羿逢蒙不能必中者有常也故有常則羿逢蒙以五寸的爲功無常則以妄發之中秋毫爲拙』（韓非子問辯篇）

此論極刻入以爲人治主義不得人固然破壞即得人也不算成立因爲偶然的事實不能作爲學理標準學理標準是要含必然性的

法治派對於人治派之尚賢故策還有一種攻擊說道

『今上論材能知慧而任之則知慧之人希主好惡使官制物以適主心是以官無常國亂而不壹』（商君書農戰篇）

前所舉各條不過說賢人不易得並非說賢人不好還是消極的排斥這一條說尚賢根本要不得是積極的排斥雖說得過火些卻也含一部分眞理

不心論之人治主義不能說他根本不對只可惜他們理想的賢人靠不住能出現欲貫徹人治主義非國中大多數人變成賢人不可儒家的禮治主義目的就在救濟這一點

六

禮治主義是儒家所獨有的也是儒家政治論的根本義孔子說．

「道之以政齊之以刑民免而無恥道之以德齊之以禮有恥且格」論語

當時法治的學說雖尚未盛行然而管仲子產一流的政治家已有趨重法治的傾向孔子這段話算是對於當時的政治實際狀況表示自己的態度．

禮到底是甚麼我們試把儒家所下的定義參詳一番．

「禮也者理之不可易者也」樂記

「禮者因人情之節文以爲民坊者也」禮記坊記

「禮也者義之實也」禮記禮運

「禮也者節之準也」禮記

「禮衆之紀也」禮記禮器

「禮者斷長續短損有餘益不足達愛敬之文而滋成行義之美者也」荀子禮論篇

儒家最崇信自然法制是根本自然法制成具體的條件作人類行爲標準的東西

然則禮爲什麼可以做政治的工具呢儒家說

「禮起於何也人生而有欲欲而不得則不能無求求而無度量分界則不能不爭爭則亂亂則窮先王惡其亂也故制禮義以分之以養人之欲給人之求使欲必不窮乎物物必不屈於欲兩者相持而長是禮之所起也……故禮者養也君子既得其養又好其別曷謂別曰貴賤有等長幼有差貧富輕重皆有稱者也．

又說．

「天下害生縱欲欲惡同物欲多而物寡寡則必爭矣……離居不相待則窮羣而無分則爭窮者患也爭

者禍也救患除禍莫若明分」荀子富國篇

又說．

「飲食男女人之大欲存焉死亡貧苦人之大惡存焉故欲惡者心之大端也……欲一以窮之舍禮何以

哉」禮記禮運

他們從經濟上着眼以為社會所以有爭亂都起於人類欲望的衝動道家主張無欲雖然陳義甚高無奈萬做

不到他們承認欲望的本質不是壞的但要給他一個度量分界纔不至以我個人過度的欲望侵害別人分內

的欲望這種度量分界名之曰禮所以說『禮者因人情之節文以為民坊』他們以為這種「根據人情加以

修正」的禮是救濟社會最善最美的工具所以說．

『禮豈不至矣哉……至文以有別至察以有說天下從之者治不從者亂從之者安不從者危……故繩

墨誠陳矣則不可欺以曲直衡誠縣矣則不可欺以輕重規矩誠設矣則不可欺以方圓君子審於禮則不

可欺以詐偽故繩者直之至衡者平之至規矩者方圓之至禮者人道之極也」荀子禮論篇

我們讀了這段話不知不覺把禮治家所謂禮和法治家所謂法聯想到一起法家說．

『有權衡者不可欺以輕重有尺寸者不可差以長短有法度者不可誣以詐偽』馬氏意林引慎子

此外法家書這一類話還甚多恕我不一一徵引了．

儒家讚美他的禮法家讚美他的法用的都是一樣話究竟這兩件東西是一是二呢那一件真能有這種功用

呢孔子有段話說得最好．

『君子之道譬猶防歟夫禮之塞亂之所由生也猶防之塞水之所從來也……凡人之知能見已然不能

見將然禮者禁於將然之前而法者禁於已然之後……禮云禮云貴絕惡於未萌而起敬於微眇使民日

徒善遠罪而不自知也』大戴禮記禮察篇

法是事後治病的藥禮是事前防病的衛生術這是第一點不同孔子又說

『禮義以爲紀……示民有常如此者在勢者去衆以爲殃』禮記禮運記

法是靠政治制裁力發生作用在這個政府之下就不能不守這個政府的法禮卻不然專靠社會制裁力發生

作用你願意遵守禮與否儘隨你自由不過你不遵守時社會覺得你是怪物你在社會上便站不住制裁力源

泉各別是禮與法第二點不同．

禮治絕不含有強迫的意味專用教育手段慢慢地來收效果論語記

『子適衛冉有僕子曰庶矣哉冉有曰既庶矣又何加焉曰富之既富矣又何加焉曰敎之』

提倡禮治主義的人專務『移風易俗』最高目的是『使人人有士君子之行』他們以爲經過這一番工夫

便可以『無爲而治』孔子說

『大道之行也天下爲公選賢與能講信修睦故人不獨親其親不獨子其子使老有所歸壯有所用幼有

說，

所長鰥寡孤獨廢疾者皆有所養男有分女有歸貨惡其棄於地也不必藏諸己力惡其不出於身也不必

爲己是故謀閉而不興盜竊亂賊而不作是謂大同」禮記禮運

這是儒家理想的社會把社會建設在兼愛助互的基礎之上眞可以實行無治主義了但何以能如此呢下文

『故聖人能以天下爲一家中國爲一人者非意之也必知其情辟於其義達於其利達於其患然後能爲

之何謂人情喜怒哀懼愛惡欲七者弗學而能何謂人義父慈子孝兄良弟弟夫義婦聽長惠幼順君仁臣

忠十者謂之人義講信修睦謂之人利爭奪相殺謂之人患故聖人之所以治人七情修十義講信修睦尙

賢讓去爭奪舍禮何以治之』上同

據上所說體治主義的根本精神大略可見了這種禮治主義儒家雖然說得很圓滿而逃不了四方八面的

攻擊道家因爲他帶有干涉氣味違反自然所以攻擊他說道

『失道而後德失德而後仁失仁而後義失義而後禮夫禮者忠信之薄而亂之首』墨家尊實利主義因爲他偏於形

式而太嚕囌所以攻擊他說道

『儒學不可以議世勞思不可以補民累壽不能盡其學當年不能究其禮』墨子非儒篇

法家和道家正相反道家因爲他干涉所以攻擊他法家因爲他不干涉所以攻擊他法家說

『夫聖人之治國不恃人之爲吾善也而用其不得爲非也恃人之爲吾善也境內不什數用人不得爲非

一國可使齊爲治者用衆而舍寡故不務德而務法……不恃賞罰而恃自善之民明主弗貴也何也……

所治非一人也」 韓非子 顯學篇

各家攻擊禮治主義之言大略如此我們試平心把這個主義的價值檢查一番禮這樣東西本是以社會智慣

爲根據社會智慣多半是由歷史上傳統的權威積漸而成不能認他本質一定是好的絕對尊重他用作政治

上主義很可以妨害進步我們實在不敢贊成但換個方面看來智慣支配社會的力量實在大得可怕若不能

將智慣改良一切良法美意都成虛設儒家提倡禮治主義的深意是要使『人人有士君子之行』法家說『

弗貴有自善之民』儒家正和他們相反確信非有『自善之民』則良好政治不能出現論語陽貨章說

『子之武城聞絃歌之聲夫子莞爾而笑曰「割雞焉用牛刀」子游曰「吾聞之君子學道則愛人小人

學道則易使也」子曰「二三子偃之言是也前言戲之耳」』

這一章很可以見出儒家政論根本精神他們是要把全國中人人都受教育都成爲『自善之民』他們深信賢人

政治但不是靠一兩個賢人他們最後目的要把全社會人個個都變成賢人質而言之他們以養成國民人格

爲政治上第一義他們反對法治反對的理由就專爲『民免而無恥』於國民人格大有妨害

拿辦學校做比方法家以爲最要緊是嚴定章程信賞必罰令學生整齊蕭肅學校自然進步儒家不然以爲最

要緊是養成好學風得有『自善』的學生學校乃能進步法家的辦法例如每學期只准告假若干次若干點

鐘過了便扣分數以爲這樣可以防懶惰的學生例如圖書館規則嚴密規定弄污了如何懲罰撕破了如何

懲罰以爲這樣便可以防亂暴的學生儒家以爲專靠這些效力有限得很而且會生惡結果你立許多告假章

程防備懶惰那懶惰的學生儘可以在不違犯告假章程內依然實行懶惰你立許多借書章程防止亂暴那亂

附錄 先秦政治思想

二〇七

暴的學生當着旁人不見的時候撕破書你便無法追究你要懲罰他時他可以有法抵賴所以立法無論若何嚴密到底不能得豫期的效力不惟如此你把學生當作賊一般看待學生越發不自愛逼着他想出種種方法遁逃於法之外養成取巧或作僞的惡德便根本不可救藥了所謂『免而無恥』卽指這種現象儒家的辦法以爲只要想方法引起做學問的興味學生自然不會懶惰只要想方法養成公德觀念學生自然不會亂暴在這種學風底下發育的學校倘若學生中有一兩位懶惰亂暴的全校學生都不齒他這種制裁力比什麼章程罰則都强禮治的眞精神全在這一點從這一點看來法治主義很像從前德國日本的『警察政治』禮治主義很像英美的自由主義儒家所以站得住的地方在此若從繁文縟節上求『禮』便淺之乎視儒家了

七

法治主義最爲晚出法治成爲一種系統的學說起於愼到尹文韓非諸人然而以前的政治家早已有人實行這種主義道儒墨三家的學說亦有一部分和法治相通因此後起的學者鎔貫這些偶現的事實和斷片的學理組織成一個新派今請先述法之定義定義者有廣狹廣義的「法」如儒家說

『是以明於天之道而察於民之故遂興神物以前民用⋯⋯一闔一闢謂之變往來不窮謂之通見乃謂之象形乃謂之器制而用之謂之法』 易繫辭傳

墨家說

『法所若而然也』 墨子經上篇

再追尋法字的語原據說文說。

「灋荆也平之如水從水廌所以觸不直者去之從廌去」『式法也』『笵法也』『模法也』『型鑄器之法也』

「法」本字作「灋」含有平直兩意其互訓之「荆」即「型」字其字從井井含有平正秩序之義俗語『井井有條』即其正訓型為器物之模範法即行為之模範墨家說『法所若而然』意思是說「你依着這樣做便對了」儒家說法的本原在『天之道』與『民之故』換句話說就是「社會自然模則」這種自然法則表現出來的叫做象模範那象用人力制成的叫做法把以上幾條歸攏起來可以下個定義道『根據平正秩序的自然法則制成一種模型叫做法』

依這廣義凡人類一切行為的模型乃至無機物的模型通謂之法法家以為範圍太廣泛了他們另外下一種狹義解釋說道

又說。

「法者憲令著於官府刑罰必於民心賞存乎慎法而罰加乎姦令者也」韓非子定法篇

「法者編著之圖籍設之於官府而布之於百姓者也」韓非子難三篇

從廣義的解釋則法與禮同為人類行為的標準可以說沒甚分別而且可以由一個人「以身作則」法治人治也可混為一談狹義的解釋不然他們所注重的是具體的成文法用國家權力強制執行法家的特色全在這一點。

說到這裏應該把古代成文法的沿革略爲研究．現存的三代古籍沒有一部是用法典形式編成的——周官

很像行政法但這書爲戰國以後僞作已成學界公論尙書呂刑篇說

「苗民弗用靈制以刑惟作五虐之刑曰法」

像是刑法這樣東西專爲統治異族的苗民而設這種推測很近情理因爲古代部落社會大半由血統關係而

成立部落不過大家族的統治靠情義和習慣便够了用不着什麼法律後來和外族競爭的結果漸漸有

些血族以外的入同棲於一社會中這二人和社會的固有分子沒有什麼情意和社會的固有習慣常常不相

容於是不能不立些法律來約束他强迫他荀子說

「由士以上則必以禮樂節之衆庶百姓則必以法數制之」富國篇

荀子時候的「士」和「衆庶」雖然不是用血統做區別但這種觀念發源甚古大約古代有貴族平民兩階

級貴族是相互的以禮爲坊平民是片面的受治於法所以說

「禮不下庶人刑不上大夫」禮記曲禮

這種辦法在部落時代原是可行但社會漸漸發達成了國家情形卻不同了社會分子日日增多日日趨於複

雜貴族平民的界線日日混合變化專靠相互的以禮爲坊可有點維持不住了成文的法律就不得不應時而

興據左傳所記各國有所謂「僕區之法」「茅門之法」「被廬之法」等名目雖然內容如何今無可考大

約是『憲令著於官府』的『法』之起原了其他如晉國之『作原田作州兵』諒來都應該有一種條文來

規定辦法最顯著者如管仲相齊『作內政寄軍令制爲軌里連鄉之法』他所制定的法律當然很多到春秋

宋葉成文法之公布逐成為政論界一大問題鄭國的子產要鑄刑書晉國的叔向寫信責備他說道

「先王議事以制不為刑辟懼民之有爭心也……並有爭心以徵於書而徼幸以成之弗可為矣……錐

刀之末將盡爭之亂獄滋豐賄賂並行終子之世鄭其敗乎」左傳昭六

後來晉國也作刑鼎孔子史墨都批評他認為不好意思和叔向大略相同大約『民免而無恥』是他們反對

派最強的理由當時子產回叔向的信說道『僑不才不能及子孫吾以救世也』觀此可知法治主義已成為

那時候的「時代要求」像子產一流的實行政治家早已承認了

到戰國初年魏國的李悝遂制定法經六篇後來商鞅以魏國人做秦國宰相應用李悝的精神把秦國做成法

治的模範國法經雖然久已亡佚但現存的唐律疏義以晉律為底本晉律以蕭何的漢律九章為底本漢律以

法經為底本所以法經可以說是最古的成文法用蛻形的方式有一部分流傳到今日古代成文法制定公布

的經過歷史大略如是

法律之制定公布既已為「救世」所必要各國政治家向這方面着着實行而反對論亦蠭起於是法治之可

否遂成為學界問題有一輩學者要從學理上找出法治主義可能且有益的根據法家乃因而成立說到這裏

我們有一件事應該注意當時法家的大學者不是和墨家有關係便和道家有關係如尹文莊子天下篇把他

和宋鈃並列底子是個墨家然而他的言論確是法治主義急先鋒如韓非人人公認為法家中堅他的書中卻

有解老喻老等篇可見他和道家淵源很深然則主張無治主義的道家和主張人治主義的墨家何以末流都

歸到法治主義呢試看以下所引幾條便可以尋出線索

政治思想史

法治主義最堅強的壁壘在「綜覈名實」尹文子說：

「名者名形者也形者應名者也……故必有名以檢形形以定名名以定事事以檢名……善名命善惡

名命惡……使善惡盡然有分……名宜屬彼分宜屬我……定此名分則萬事不亂也」上 大道

古代名學的派別和應用不是本論範圍今且不說但看司馬遷以來都稱法家言爲「刑名之書」法經第一

篇便是名篇漢律唐律第一章便是名律可見得「法」和「名」關係的密切了古代名學墨家講得最精鑿

經四篇大半闡明名理他們的後學把來應用到政治論上便完成法治主義尹文子說

「故人以度審長短以量受多少以衡平輕重以律均清濁以名稽虛實以法定治亂以簡治煩惑以易御

險難萬事皆歸於一百度皆準於法者易之極如此頑嚚聾瞽可與察慧聰智同其治

也」同上

墨家學說不是認「一人一義十人十義」爲不好『要選舉仁賢聖智辯慧之人立爲天子使之壹同天下之

義』嗎法家也認『壹同天下之義』爲必要但『壹同』的手段不特人而特法例如市面用的尺有京尺有廣尺有

滬尺有英尺有米突尺便是「一人一尺十人十尺」我們和人說『我有一尺布』不知是一京尺呀還是一

廣尺一英尺呢這便是名實混亂然則「壹同天下之尺」自然是有益而且必要怎樣去「壹同」他呢主張

人治主義的人說『某人手法最準謂他用手量一量便可認爲公尺』但如何能件件東西都煩他用手去量

呢他的手一伸一縮能保不生出參差嗎這些問題主張人治主義的人不能答覆主張禮治主義的人說『只

要社會公認通行的便算公尺』但所謂「社會公認」有什麼法能令他一致結果還不是「一人一尺十人

十尺」嗎這問題主張禮治主義的人也不能答覆主張法治主義的人說『只要農商部設一個度量衡檢查

所用一定的標準來「壹同天下之尺」用一塊銅片或竹木片規定他怎麼長便叫做「尺」把「尺」的名確

定之後便循名責實和這長度相等的便是尺不相等的便不是尺」墨家亦說

「效也者為之法也所以為之法也故中效則是也不中效則非也」墨子小取篇

與「不中」拿賞罰的威力制裁他例如人民應該做那件事不應該做那件事遇到君賢相一時的主觀的判

斷來做標準嗎也不對不如由國家法律定出一個標準凡法律認為應該做而不

做或認為不應該做而做都要受制裁這是最簡最易的辦法譬如農商部的公尺頒定以後不必有好手法的

人自然會根據這標準量布毫釐絲忽不差所以說『頑嚚聾瞽可與察慧聰智同其治』

法家的話反覆發明這種道理的很多韓非子說

『設柳非所以備鼠也所以使怯弱能服虎也立法非所以避曾史也所以使庸主能止盜跖也』守道篇

意思是說好人不必法律制裁他法律的作用在使無論何人都可制止惡事又說

『釋法術而心治堯不能正一國去規矩而妄意度奚仲不能成一輪......使中主守法術拙匠守規矩尺

寸則萬不失矣」用人篇

有人說法定得妥當固然好萬一不妥當豈不大糟法家以為不然他們說

『法雖不善猶愈於無法所以一人心也夫投鉤以分財投策以分馬非鉤策為均也使得美者不知所以

美得惡者不知所以惡所以塞願望也』慎子威德篇

或疑法律威權如此其重豈不是助成專制法家的精神卻大大不然他們認法律爲絕對神聖他們不許政府

行動軼出法律範圍以外他們說．

『明君置法以自治立儀以自正也⋯⋯禁勝於身則令行於民矣』慎子君人篇

『不爲君欲變其令令尊於君』同上

『有道之君善明設法而不以私防者也』而無道之君既已設法則舍法而行私者也⋯⋯爲人君者棄法

而好行私謂之亂』管子君臣篇

『君人者舍法而以身治則誅賞予奪從君心出⋯⋯君舍法以心裁輕重則同功殊賞同罪殊罰矣怨之

所由生也』慎子君人篇

這類話在法家書中屢見不一他們的根本精神專在防制君主『以心裁輕重』不令『誅賞予奪從君心出』

所以又說．

『使法擇人不自舉也使法量功不自度也』管子明法篇

『不知親疏遠近美惡以度量斷言⋯⋯故任天下而不重也』管子任法篇

儒家最貴的是行仁政法家不以爲然法家在法律之下無所謂愛憎無所謂仁不仁他們說．

又說．

『不爲愛民虧其法法愛於民』管子法法篇

「慈母之於弱子也愛不可爲前然而弱子有僻行使之隨師有惡病使之隨醫不隨師則陷於刑不隨醫

則疑於死慈母雖愛無益於振刑救死則存子者非愛也母不能以愛存家君安能以愛持國」八說篇韓非子

儒家每每攻擊法家刻薄寡恩在法家不過在法律之下常常保持冰冷的面孔特別的仁愛固然沒有特別的

刻薄亦何嘗有呢

法家以爲任法的結果可以到無爲而治的境界他們說

「名定則物不競分明則私不行物不競非無心由名定故無所措其心私不行非無欲由分明故無所措

其欲然則心欲人人有之而得同於無心無欲者制之有道也」尹文子大道上

又說

「聖君任法而不任智故身佚而天下治」管子任法篇

他們以爲用法律正名定分人民雖有私欲也行不開自然可以變成無私無欲又以爲用呆板的法律支配一

切人事統治的人一毫成見參不下去自然可以垂拱無爲然則法治主義結果可以達到無治的目的道家後

學所以崇拜法治在此

然則有什麼保障能令法治實現呢頭一件君主不可「棄法而好行私」不可「誅賞予奪從君心出」前文

已經說過了他們更有一種有力的保障是要法律公開使人民個個都明白了解他的辦法如下

「公問公孫鞅曰「法令以當時立之者明且欲使天下之吏民皆明知而用之如一而無私奈何」公孫

鞅曰「爲法令置官吏樸足以知法令之謂者以爲天下正……諸官吏及民有問法令之所謂也於主法

令之吏皆各以其故所欲問之法令明告之各爲尺六寸之符明書年月日時所問法令之名以告吏民．主

法令之吏不告及之罪而法令之所謂也．皆以吏民之所問法令之罪各罪主法令之吏

民無不知法者吏知民知法令也．故吏不敢以非法遇民民不敢犯法則問法

官法官即以法之罪告之民故吏知其如此故吏不敢以非法遇民民又不敢犯法

如此天下之吏民雖有賢良辯慧不能開一言以枉法……此所生於法明白易知而必行……」

　　　　　　商君書定

篇分

羅馬十二銅表法之公布由人民用革命的手段纔換得來．法家這樣誠懇堅決主張法律公開而且設種種方

法令法律知識普及真可謂能正其本能貫徹主義的精神了．

法治主義在古代政治學說裏頭算是最有組織的最有特色的．而且較爲合理的．當時在政治上很發生些好

影響秦國所以盛強確是靠他秦國的規模傳到漢代得有四百年秩序的發展最後極有名的政治家諸葛亮

也是因爲篤信這主義纔能造成他的事業可惜從漢以後這主義一日比一日衰熄結果竟完全消滅了爲什

麼消滅呢一半是學說本身的原因一半是政治上原因學說本身原因爲什麼一件太硬性和國民性質不甚相容

所以遭儒家的打擊便站不住第二件學說有不周密的地方容易被壞人利用纔壞了這一點下文再詳說政

治上原因頭一件就是剛纔說的利用變壞的第二件外族侵入和內亂劇烈的時候真成了俗話所謂「無法無

天」還有什麼法治呢中國不幸在這種狀態之下過了一千多年有何話說政治在法治以上還要有事我們

是承認的但若使連法治尚且辦不到那便不成爲今日的國家還講什麼「以上」呢所以我希望把先秦法

家真精神着實提倡庶幾子產所謂『吾以救世』了.

我們雖崇拜法治主義卻要知他短處短處要分別言之一是法治主義通有的短處二是先秦法家特有的短處什麼是法治主義通有的短處法律權力淵源在國家過信法治主義便是過信國家權力結果個人自由都被國家吞滅了此其一法治主義總不免機械觀萬事都像一個模型裏定製出來妨害個性發展此其二遇着人民在法律範圍內取巧成了儒家所謂『免而無恥』此其三這三種短處可以說雖極圓滿的法治國家也免不了的什麼是先秦法家特有的短處呢他們知道法律要確定要公布知道法律知識要普及於人民知道君主要行動於法律範圍以內但如何然後能貫徹這種主張他們沒有想出最後最強的保障申而言之立法權應該屬於何人他們始終沒有把他當個問題他們所主張法律威力如此絕對無限問法律從那裏出呢還是君主還是政府他們雖然脣焦舌敝說『君主當設法以自禁』說『君主不可舍法而以心裁輕重』結果都成廢話造法的權在什麼人變法廢法的權自然也在那人君主承認的便算法律他感覺不便時不承認他當然失了法律的資格他們主張法律萬能結果成了君主萬能這是他們最失敗的一點因為有這個漏洞所以這個主義不惟受別派的攻擊無從辯護連他本身也被專制君主破壞盡了我們要建設現代的政治一面要採用法家根本精神一面對於他的方法條理加以修正纔好.

民國二十五年四月印刷
民國二十五年四月發行

版權所有

飲冰室合集（全四十册）

文集十六册
專集廿四册
定價銀
十六元
廿四元

◉

著者　　　新會梁啓超

發行者　　中華書局有限公司
　　　　　代表人陸費逵

印刷者　　中華書局印刷所
　　　　　上海澳門路

總發行處　上海福州路　中華書局發行所

分發行處　各埠　中華書局

图书在版编目（CIP）数据

先秦政治思想史／梁启超著. —北京：中央编译
出版社，2021.10

ISBN 978-7-5117-3952-0

Ⅰ.①先… Ⅱ.①梁… Ⅲ.①政治思想史–中国–先
秦时代 Ⅳ.①D092.2

中国版本图书馆 CIP 数据核字（2021）第 002106 号

先秦政治思想史

责任编辑	纪宛伯　李媛媛
责任印制	刘　慧
出版发行	中央编译出版社
地　　址	北京西城区车公庄大街乙 5 号鸿儒大厦 B 座（100044）
电　　话	（010）52612345（总编室）　　　　（010）52612335（编辑室）
	（010）52612316（发行）　　　　　（010）52612369（网站）
传　　真	（010）66515838
经　　销	全国新华书店
印　　刷	北京文昌阁彩色印刷有限责任公司
开　　本	710 毫米×1000 毫米　1/16
字　　数	178 千字
印　　张	14.25
版　　次	2021 年 10 月第 1 版
印　　次	2021 年 10 月第 1 次印刷
定　　价	68.00 元

新浪微博：@中央编译出版社　　　　　微　　信：中央编译出版社（ID：cctphome）
淘宝店铺：中央编译出版社直销店（http://shop108367160.taobao.com）　（010）52612322

本社常年法律顾问：北京市吴栾赵阎律师事务所律师　　闫军　　梁勤
凡有印装质量问题，本社负责调换。电话：（010）52612322